未来哲学双書

東洋哲学序説

井筒俊彦と二重の見

西平 直
Nishihira tadashi

未来哲学研究所

装画＝大森慶宣
装幀＝矢部竜二
BowWow

◎目　次◎

序　章　井筒哲学を読む

三十年間、同じことを考えてきた。回り道もたくさんしたが、いつも同じところに連れ戻された。しかし、それが何であるのかよく分からなかった。

『意識と本質』とめぐり合ったのは、大学院生の頃、博士論文に取り組んでいた時だった。私は気分転換としてこの本を手に取った。東洋哲学を学ぼうとしたのではない。論文とは関係のない、知らない世界に、身を置きたいと思ったのである。

予想通り、何も分からなかった。それなのになぜか時々手に取りたくなった。まるで歯が立たない本になぜ惹かれたのか。何かが潜んでいると予感したのか。この本の後をついてゆけば、自分が何を学びたいと思っていたのか見えてくるかもしれない。そんな淡い期待を持ったのか。

その後、この著者の文章を見るたびに手に取った。そして、そのつど知らない時代に連れ出された。今は理解できなくてよい、鉱脈の所在だけ伝えておく。そう伝授されているようだった。時には少し夢中になり、本格的に学びたいと思ったりもしたのだが、縦横無尽に語られるその思想地平を学ぶためには、どの講座にゆけばよいのか、見当がつかなかった。身近にはこの著者について語る人はいなかった。その代わり、思わぬ領域でその仕事を高く評価する人に出会うことがあって驚いた。

職に就き、あれこれ仕事に追われながら、なぜか一区切りつくとこの地平に戻ってきた。研究ではない。この著者の言葉に誘われて伝統思想に触れる。あるいは、この著者の思考の流れについてゆく。時折「修行者」の視点が出てきたりすると、我が身に語られた言葉のように、大切に読んだ。満遍なく読んでいたつもりだったのだが、或る時、特定の箇所だけ変色していることに気がついた。禅の箇所である。どうやら私は、禅の思惟形態が最も気になっていた。正確には、他の思惟形態との違いが分からぬまま、漠然と、禅を中心とした地平を「東洋哲学」と理解していた。

それで何も困らなかった。今思えば、最大の問題は、この「それで何も困らなかった」という点である。その理解に即して日本の文化を見ると話がきれいに収まった。というより、私はそういう文化圏しか知らなかったのである。およそ禅を中心とした日本の伝統的文化。私は世阿弥の『伝書』を読み、「無心」を追いかけ、「稽古」の問題を考えていた（西平 2009, 2014, 2019）。

そして、その流れの中で、西田哲学を読んだ。禅の思惟形態を西洋哲学の言葉で解き明かす試み。しかも晩年の西田が東洋の伝統思想に言及し、『大乗起信論』が明治期哲学の基盤であったらしいと聞いてますます関心を深めた。井筒哲学と西田哲学の交点を掘り下げてゆくと「東洋哲学」の核心部分に近づく。そう予感した（西平 2021 予定）。

その途上、個々の論点について語る機会があった。華厳の「事事無礙《じじむげ》」を入門的に紹介し、『大乗起信論』の基本構造だけを説明する。必要に迫られた仕事ではあったのだが、語るたびに新しい発見があった。同じ内容でも、相手に応じて、違う側面が浮き出てくる。まして、異なる思想体系を重ね合わせると、構造が似ているだけに、微妙な差異が際立ってきて、（化学変化を見るようで）面白くて仕方なかった。傍から見たら同じことの繰り返しなのだろうが、当人にとってはそのつど貴重な実験であった（本書第一—四章）。

こうして、西田哲学と井筒哲学との交点に焦点を絞り込みながら、しかし時折、井筒の語る「イマージュ」が気になっていた。その領域をどう扱ったらよいか。禅モデルといかなる関係にあるのか。困ったことにその領域には「禅モデル」のような総称がなかった。例えば、真言密教・イスラーム神秘主義・カバラー（『意識と本質』でいえば、Ⅷ、Ⅸ、Ⅹ、Ⅺ章）。ある時期は、ユング心理学を手がかりに「元型イマージュ」に注目してみたが、とうてい納得するには至らなかった（西平 2004）。

「密教モデル」という名を知ったのは最近のことである。「禅モデル」と対比的に語られる「密教モデル」。しかもその「密教」の守備範囲は広く、「イマージュ」を扱う領域を総称するという。新鮮だった。そしてその「名」を得たおかげで、私はその領域について語る勇気を得た（本書第五—八章）。

しかし、それこそ「実体化」だったのではないか。一息に「密教モデル」と呼ぶ。確かに、それによってその領域を（「禅モデル」と対比的に）語る勇気を得たには違いないのだが、しかし本当に「密教モデル」と固めてしまってよかったのか。

まだその名を知らなかった頃の、思想体系ごとに異なる・扱いにくい・「浮動性の生成的ゆれ」。たどたどしく、個々の「イマージュ」に付き合い、それゆえ、何も語ることができずにいた、惨めな戸惑い。今は一言、「密教モデル」と呼ぶ。そして、すべてを視野に収めたような気になる。

しかし、本当の問題は、実は「禅モデル」の側にそうした戸惑いを感じてこなかったという点ではないか。禅こそ、そうした「名」を嫌う教えであったにもかかわらず、その〈名を嫌う〉教えを、何の戸惑いもなく、ありがたく拝聴してきた。語ることができない惨めな戸惑いを、「不立文字」「言詮不及」という名に預けて、通り過ぎてきた。本当にそれでよかったのか（本書五—八章はこの問いと関連する。「禅モデル」とは異なる「モデル」を設定しながら、それをひとつの「モデル」とすることへの違和感を示すことによって、『禅モデル』に安住しようとする傾向に、ぎこちなく、抵抗したことになる）。

では、「イマージュ」とはどういうことか。或る対談の中で井筒はこんな話をしていた（今道友信との対談、『叡智の台座』一一八頁）。

ペルシアの神秘哲学者、スフラワルディー、その「天使論」の話である。スフラワルディーは、プラトンのイデアを「天使」として語った。イデアを天使のイマージュにしてしまう。プラトン理解としては誤解なのだが、しかしそうした理解も一度受け入れる必要があるのではないか。「そう思うようになってきた」というのである。

興味深いのは、井筒自身が、「最初はそうしたイマージュに抵抗があった」と語っていた点である。自分は「イマージュ的な人間ではない」。

スフラワルディー的な、あるいは曼陀羅的な、形象的な思惟傾向というものに非常な抵抗があったんです。どうもピッタリしなかったんですよ。だけどもやはりこれじゃだめだと思いましてね、それを自分の中で一ぺん取り入れて本当に自分の血肉にして、そこから出直さなくてはだめだというふうに考えて、……非常な関心をもちだしたんです。

（『叡智の台座』九一頁）

プラトン哲学に即して言えば、イデアは「イマージュ」ではない。ところが、スフラワルディーは、理性で把握する以前に、「自分の実存の渦巻きのなかに投げ込んで、そこで何が出てくるかまず見ようとする」。ゾロアスター的イマジネーションであれば、天使になる。光の天使になる。当人にとっては「生々しい体験」である。その光の天使たちの構造を眺めているうちに、酔いが醒めてきて、思索となる。つまり「創造的思索の原点として」、一度、天使のイマージュにしたということである。

この時、井筒は、こうしたイマージュの世界を堕落と考えたくはないと強調する。「理念の形象化、理念の受肉というものを堕落とは考えたくない」。逆に、そう強調しなくてはならないほど、井筒は、イマージュを堕落と見る世界に馴染んでいたことになる。
実際、対談者から、それは芸術ではあっても、思索になるかと質問されている。「イマージュやヴィジョン」は「風土的・時代的なもの」であって、それを手がかりにするのはよいとしても、哲学は、それを超えて普遍的な段階に進むべきではないか。井筒もそれに同意する。そうした普遍的な段階に進むための「準備段階」として認めるのだという。「プラトーンのイデアが客観的にどういうものであるにせよ、それがゾロアスター的な雰囲気にはいれば忽ち天使に変貌して、宇宙全体が天使の形象で満ちてしまう」。それが「文化伝統」の力である。その位相を思索への準備段階として大切にする。

ぼくの場合には、いろいろな東洋の文化の主なイデアというか、理念を取り出してきて、それを一か所に集めておいてそれをじっと見つめているうちに、そこから何か自分の新しいものが、……別なものになって変貌して出てくるのじゃないかと、それを少し辛抱強く待ってみようというような、いまはその心境なんです。

一九七七年、まだイラン王立哲学研究所に拠点を置いていた時期の対談である。「イマージュ」は、井筒にとっても扱いにくい、しかしそれゆえに、貴重な領域であったことになる。
なお、この今道との対談には、井筒哲学理解のための重要な手がかりがたくさん含まれている。

例えば、「哲学」と「東洋」との関連。東洋思想の「哲学化」という問題が出てくる。井筒は、まず西洋哲学のロジカルな考え方を勉強すべきことを強調する。その上で初めて東洋の哲学のロジックを意識化してゆく。西洋的なものを徹底的に勉強しておいて、その上で、西洋とは異なるロジックを、新しく見直すというのである。

では、「東洋のものを哲学化する」とは「西洋化する」ことか。そうではない。例えば、禅はそのままでは哲学ではない。禅自身が哲学を拒否する。そこで禅を哲学として取り扱うために「哲学化のプロセス」が必要になるのだが、その時に、「エンピリシズムを使ってみたり、それから実存主義を使ってみたり、現象学を使ってみたりして西洋化しようとする……これは非常な弊害をもたらすと思いますね」という。

「むしろ、もっと虚心坦懐に」と、対談の中で話題になっていた『古事記』を例にとって、「『古事記』的な哲学的思惟が自然に出てくるようにしなくては」というのである（強調は引用者）。

これは井筒の「意味論分析」の原則である（本書第八章）。文化をその文化自身に即して理解する。西洋の学問的道具によって理解しない。その文化の中の道具を洗練させる仕方でテクストに寄り添う。その文化自身の言葉から、自然に、哲学的思惟が出てくることを求めるのである。哲学化は西洋化ではない。しかし、まず西洋哲学を学ぶ。そこから始めることを勧めるのである。

続けて、比較哲学の後継者養成について問われた井筒は、まず「一つの哲学伝統を完全に身に付ける」必要を強調する。マッギル大学で教鞭をとっていた時には、「一つの哲学伝統を完全に身に付ける」ことだけ教えていた。比較哲学などということは一切教えたことはなかった。テヘランに移ってから比較哲学的なことを教え始めた。そしてこう続ける。

自分の内的な衝動といいますか、哲学的な衝動が起ってきて、今までの自分の中にたまっているいろいろな違った哲学伝統が一つになって、それが醱酵して自分の哲学として出るんでなければ、そんなものはやるべきじゃないと思うんです。

比較哲学は、自分の哲学の創造的な働きのためにやる。「哲学する精神」は「柔軟な精神」である。哲学することによって「自己のメタモルフォシス」が生じるのでなければ意味がない。異質なものを、自分の中に取り入れて、「本当に自分の血肉にして、そこから出直さなくてはだめだ」というのである。

『意識と本質』以降の論考を読む私たちに向けられた言葉でもある。

では、あらためて、『意識と本質』以降の井筒はいかなる視点に立っていたのか。

井筒は「禅の立場」に立って他の思想体系と対話したわけではない。井筒は一つの立場に自らを限定することはなかった。では、複数の思想体系を比較したのか。この場合、もし「比較」という言葉が、複数の思想を対象化して比べる作業を意味するなら、違う。井筒は、対象化された思想を比較したのではない。ひとつひとつの思想を、内側から体験された出来事として、「主体化」して、語ったのである。

では井筒は、それらの思想をすべて、自らの枠組みに回収したということか。確かに、井筒は、多様な伝統思想を「一度そっくり己の身に引き受けて主体化する」と語った（『意識と本質』「後記」）。それだけ見れば、自分の枠組みに回収したように見えるのだが、しかし微妙に違う。

井筒は長年、多様な伝統思想を厳密な方法論的手続きのもとに研究してきた（本書第八章）。しかし、「いまではそういう比較を自分自身の意識内部で実践する」。そして、「二つの文化の接触というか、インターーペネトレーションのところから自分にとって何が出てくるか、それを探求してみたい」（『叡智の台座』九〇頁）。

複数の思想を比較するのだが、それを「自分自身の意識内部」で実践する。いわば、個々の思想を自分の中で溶かしてしまう。自分の中に取り入れ、自分の血肉にして「インターーペネトレーションのところ」で「比較」する。この「インターーペネトレーションのところ」が、井筒の立場である。

空海の言葉が、井筒の中で溶けて既成の分節を失い、同様に荘子の言葉が、井筒の中で溶けて既成の分節を失い、その「インターーペネトレーションのところ」を、井筒は語る。歴史的なものとして既に固定している思想を（固定してしまう以前の・より深層の）流動的な「イマージュ」に溶かし、その「インターーペネトレーション」の位相を、哲学的に語り直す。空海特有の用語法で語るのではない。荘子特有のターミノロジーで語るのでもない。

井筒は、「その諸伝統にまつわる複雑な歴史的聯関から引き離して」という。そして、それを「共時的思考の次元に移し、そこで新しく構造化しなおしてみたい」という（『意識と本質』I、三―四頁）。言い換えれば、「東洋哲学の諸伝統を、時間軸からはずし、それらを範型《パラディグマティク》論的に組み変えることによって、それらすべてを構造的に包みこむ一つの思想連関的空間を、人為的に創り出そうとする」（『意識と本質』「後記」）。

そしてその先に、「この方法論的操作の第二段として、こうして取り出された東洋哲学の根源的パターンのシステムを、一度そっくり己れの身に引き受けて主体化し、その基盤の上に、自分の東洋哲学的視座とでもいうべきものを打ち立てていくこと」（同）。

一度そっくり己の身に引き受け、血肉になるまで、溶かしてしまう。そして、「インターペネトレーション」の位相において主体化する。その基盤の上に東洋哲学の視座を打ち立ててゆく。それが『意識と本質』以降の論考を書く井筒の立場であったことになる。

なお、この「インターペネトレーション」という言葉は、井筒が「無礙《むげ》（理事無礙・事事無礙）」を語る際に用いた用語である（本書八二頁）。あるいは、縁起で言えば、AがAだけで存在することはできない。BもBだけで存在することはできない。「すべてがすべてと関連し合う、そういう全体的関連性の網が先ずあって、その関係的全体構造のなかで、はじめてAはAであり、BはBであり、AとBとは個的に関係し合うということが起る」（『コスモスとアンチコスモス』四六頁・本書八六頁）。

あるいは、『スーフィズムと老荘思想』の中では、イブン・アラビーに即して、こんなことが語られていた(「自己知により絶対者を知る」認識形態の第三段階「開示」の体験、本書第八章4)。

そのひとは、あらゆる存在者が絶対者の鏡に現われるのを、そしてそれらが互いに他のものの中に現われるさまをみる。そこでは、これらの事物・事象は皆、それぞれの独自性を保ちながら、互いに溶け合い、相即する。これがまさに「開示」体験である。

(『スーフィズムと老荘思想』p. 44, 訳書〔上〕六三頁、本書二〇六頁)

個々の思想が、互いに他の思想の中に、自らの思想を見る。スーフィズムの側から言えば、スーフィズムが〈老荘思想の体系に認めること〉と、スーフィズムが〈自らの体系に認めること〉が合致する。同じことが、老荘思想の側にも生じる。〈相手の体系に認めること〉と、〈自分の体系に認めること〉が合致する。

井筒は、「いまではそういう比較を自分自身の意識内部で実践する」と語った。むろん自らの「意識内部」を「絶対者の鏡」と語ったわけではない。しかし理想的には、思想研究も、「開示」の場となるべく、「絶対者の鏡」に向かう。すべての思想がその鏡の前で、互いに他のものの中に、自らが現われる姿を見る。そうした「イマージュ」に導かれながら、井筒は、「自分の東洋哲学的視座とでもいうべきものを打ち立てていく」道を歩いたのではないか。

井筒も西田も、西洋近代のパラダイムと対峙した。もはやそのパラダイムだけではやってゆかれない。新しい「世界文化パラダイム」が必要である。そのために東洋の伝統がどのように貢献できるか（遠藤周作との対談、『叡智の台座』六一頁）。

西田は、西洋近代のパラダイムを「対象化」の論理と理解し、「それを包み込む立体的出来事」から東洋の論理を構築しようとした。あるいは、前者を「表象」の論理と理解し、後者を「知るものと知られるものが分かれていない」出来事の中に見ようとした。表現するものと表現せられるもの、考えるものと考えられるもの、映すものと映されるものが、分かれていない。「自己表現に於て自己を有つ」。そうした実在の自己表現の形式を西田は「論理」と呼んだ（「論理と数理」『新版・西田幾多郎全集』一〇巻四九頁）。

井筒もそれを「哲学化する」。西洋の学問的道具を使うのではない。その文化自身の言葉によって、例えば「『古事記』的な哲学的思惟が自然に出てくるように」、哲学化する。しかし、そのためには、まず西洋哲学の論理を徹底して学ぶ。その上で、西洋とは異なる論理を、新しく見出す。

西田も「新しい論理」を願った。東洋思想を基礎づけるために適切な「新しい論理」。東洋の思想は「論理」として展開してこなかった。それを論理化する。しかし、その論理は、東洋の精神の中から生まれた「論理」でなければならない。西洋の論理は、西洋文化の精神の中から生じ、それによって限定されている。同様に、東洋の論理は、東洋の精神の中から生まれ、東洋に独自の「論理」でなければならない。そして、東洋の思想は、東洋の精神の中から生まれた独自の「論理」によって論理化される必要がある。そして、その先に（それと同時に）、西洋の論理と東洋の論理が対話するための「論理」が求められる（西平 2021 予定）。

本書も、その延長線上にある。その課題を次の世代に手渡そうとする。

I 「二重の見」の原風景

第一章　「二重の見」とは何か——禅師の三段階モデル

井筒は、禅師（青原惟信《せいげんいしん》）の言葉に即して、修行（意識変容）の「三段階」を示した。その「第三段階」に「二重の見」が登場する。「二重の見」は、〈区切る（分節）〉と〈区切らない（無分節）〉とを、二つながら同時に機能させる。そこで「分節と無分節の同時現成《げんじょう》」とも語られる。そのように示された禅モデルが現象学と重なる。現象学も「存在解体」と「その後（存在再獲得）」を語る。現象学が「存在の再獲得」と理解した出来事を、本書は、井筒に倣い、「二重の見」と呼ぶ。

1　「二重の見」と「同時現成」

井筒は「東洋哲学」を構想した。正確には名称を固定しなかった。名称を固定することを避けながら、東洋の多様な伝統思想の「共時的構造化」を構想した。

そのための基本となる概念が「分節 articulation」と「無分節 non-articulation」である。むろん単純な区別ではない。一度区別した上で、両者の関連を問う。無分節から分節が生じてくるプロセスを問い、逆に、分節から無分節に向かうプロセスを問う。そして究極的にはその「重なり」を見る。分節と無分節とが「同時現成」する。

「分節 articulation」とは、さしあたり、区切り・分割し・固定することである。その典型は、「言（コトバ）」による分節作用。言葉が分割線を引くことによって「名」が付き、名を得ると、「もの」として独立する。区切りのない真相のリアリティに、コトバが分割線を入れ、区切りの世界を創り出し、私たちはそれを実体と思い込む。

井筒の用語法で言えば、「無分節の存在リアリティ」がコトバによって分節され、「分節態（意味分節・存在分節）」が、見せかけの実体性を得る。それによって、無分節のリアリティが隠れてしまう。そこで『大乗起信論』によれば、コトバの分割線を取り去ることができれば、元の「無分節のリアリティ」が顕れてくる。そもそも「分節態」が見せかけに過ぎなかったというのである。

＊　『大乗起信論』（以下、『起信論』）はこう語る。「一切の諸法は唯《ただ》妄念に依りてのみ差別《しゃべつ》あるも、若《も》し心念を離るれば則ち一切の境界の相《そう》無《む》なればなり」（『大乗起信論』岩波文庫、二五頁）。私たちの意識の対象として現われるすべてのものは、妄念によって、個々に独立して存在しているよう

に見えるが、表面の「心念」を離れることができれば、「一切の境界の相（分節態）」は存在しない（同）。『起信論』についての詳細な検討、とりわけ、井筒俊彦『意識の形而上学』に即した検討については、本書の姉妹編で集中的に論じる（西平 2021 予定）。

しかし、「無分節」が最終目的ではない。東洋の伝統思想はその先を見る。「無分節のリアリティ」を体得した「覚者《かくしゃ》」が、その眼を保持したまま日常の世界に戻ってくる。日常の「分節態」の世界に戻りつつ、しかし「無分節のリアリティ」を併せ持つ。例えば、日常のコトバの世界に戻りながら、同時にコトバを超えた無分節のリアリティを「二重写し」に見る。区切りがある世界を見ながら、同時に、区切りがない世界を見る。そうした事態を、井筒は「存在の絶対無分節と経験的分節との同時現成」と呼ぶ（強調は原著、『意識と本質』VI、一三九頁）。あるいは、「分節・即・無分節」とも（同、VII、一八〇頁）。本書は「二重の見」と呼ぶ。

2 「二重の見」の所在――禅師の三段階モデル

「二重の見」を論じるにあたり、井筒は、中国・宋代の禅師、青原惟《せいげんい》信《しん》（Ch'ing Yuan Wei Hsin）の言葉を引用した。禅師が自らの人生を振り返って語ったという。

三十年前、未だ参禅せざる時、〈山を見ると山に見え、川を見ると川に見えた〉。ところが、優れ

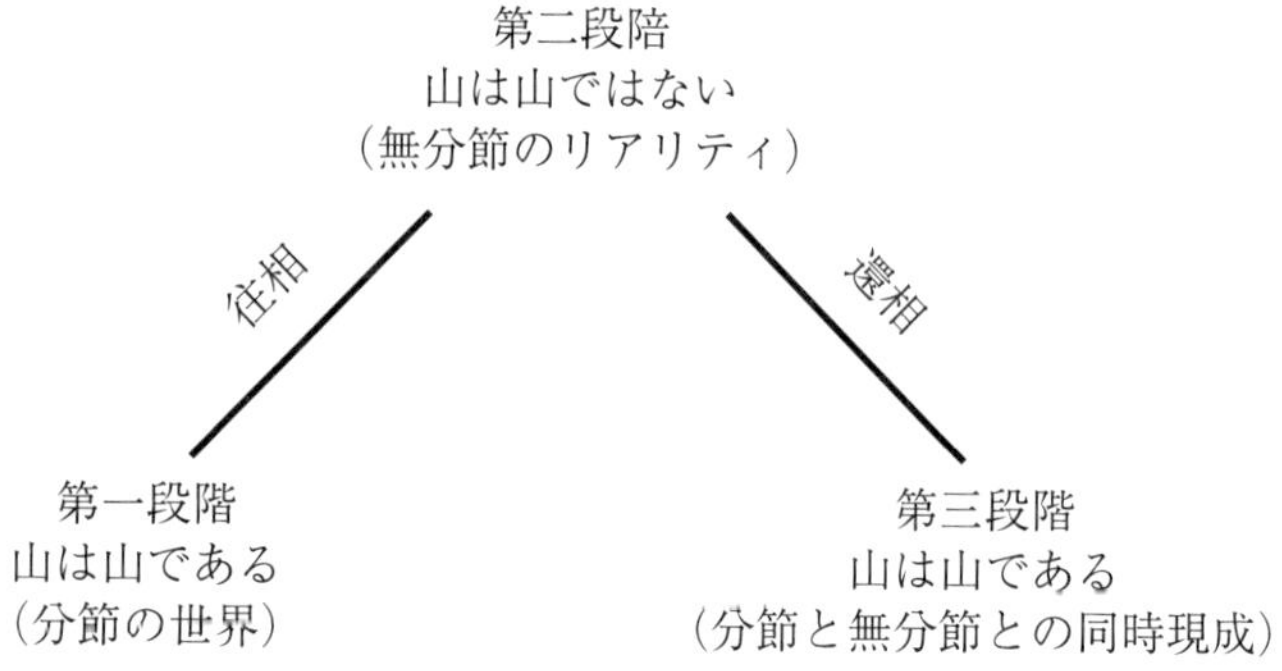

た師にめぐり遇い修行して悟りに至ると、〈山を見てもそれは山ではなく、川を見てもそれは川ではなかった〉。ところが悟りが深まり、安心の境地に至った今は、また最初と同じく、〈山を見るとただ山であり、川を見るとただ川である（「山を見るに祇《た》だ是れ山、水を見るに祇だ是れ水なり」）〉（同、Ⅶ、一四九頁）。

つまり、「山は山である」―「山は山ではない」―「山は山である」という三つの段階。しかし、二回目の「山は山である」は、特殊な二重性を秘めている。

あらためて全体を引用する。

> 三十年前、未だ参禅せざる時、山を見ると山に見え、川を見ると川に見えた（「山を見るに是れ山、水を見るに是れ水なりき」）。ところが、すぐれた師にめぐり遇い、その指導の下に修行して、いささか悟るところあって、山を見るとそれは山ではなく、川を見るとそれは川ではなかった（「山を見るに是れ山にあらず、水を見るに是れ水にあらず」）。ところが、いよいよ悟りが深まり、安心の境位に落ちつくことのできた今では、また

一番最初の頃と同じく、山を見るとただ山であり、川を見るとただ川である（「山を見るに祇《た》だ是れ山、水を見るに祇だ是れ水なり」）。

（『意識と本質』Ⅶ、一四九頁）

第一段階は、分節の世界。区別が明確である。山は山、川は川、それぞれ別々の実体として独立している。私たちの普通の経験である。日常生活では、その区別がつかないと「混乱・異常」と診断される。またこの場合は、〈見ている私〉と〈山〉との区別も明確である。〈見ている私＝主観〉はこちら側にあり、〈世界＝対象＝客体〉はあちら側にある。その区別がつかないとますます「異常」とされる。この段階においては「区別をつけること（分節）」が重要なのである。

第二段階は、無分節のリアリティ。分節が消え、区別が消える。山と川との区別がなくなるため、山はもはや山ではなく、川ももはや川ではない。長い修行の末に悟りに至ってみると、そうした「区別のない世界」が現れて来たというのである。世界には実は区別がなかった。区別は人間が後から貼り付けた区切りに過ぎない。さらに、この場合には、〈見ている私〉と〈山〉との区別も消える。〈見ている私〉も存在せず、〈山〉も独立には存在しない。〈見ている私〉と〈山〉との区別が消えているのであれば、こちら側にいる〈見ている私＝主観〉が、あちら側に存在している〈山＝対象＝客体〉を〈見る〉という出来事は、そもそも成り立たない。

第三段階「山を見るに祇《た》だ是れ山」では、再び、区切りが戻る。山は山、川は川。しかし「祇だjust」という言葉が付いている。井筒は、この山や川には区切りは戻るが「固定した実体」は戻らない、という。山と川は区別されるが、互いの関係を豊かに残している。華厳が「事事無礙」、あるいは「縁起」と語るのはこの場面である。区切りが固定されない。この「区切り」を仏教の伝統は「自性《じしょう》」と呼んだ。第三段階の事物は自性に縛られない。「無自性」である。「分節は戻るが『本質』は戻ってこない」（同、Ⅶ、一五二頁）。当然「見る私」も戻ってくるのだが、しかしやはり「無自性」である。「山と一体である自分」でありつつ、同時に「（山を）見る」。あるいは、「山と一体となった自分自身」に特殊な仕方で「気がついている」。

＊ この「気づいている」を英語版は illuminate itself と表現し、ドイツ語版は von sich selbst oder in sich selbst erleuchtet と表現する。特殊な二重性を秘めた「気づき」である。

3 問題の所在――分節は戻るが本質は戻らない

こうして禅師は「分節と無分節との同時現成《どうじげんじょう》」の所在を示した。しかし、一挙にその最終地点を示したために、私たち凡人には分かりにくい。論理が飛躍しているように聞こえてしまうのである。第三段階の山や川は、なぜ、つながりを残すのか。「区別される」にもかかわらず、「つながりがある」とはどういうことか。第三段階は、第一段階と、何が違うのか。

問題は「固定した実体」が戻らないという点である。区切りは戻るが「固定した実体」は戻らない。分節は戻るが「本質」は戻らない。井筒は「本質」という西洋哲学の鍵概念を用いることによって、他の仏教思想との関連を確認する可能性を私たちに残した。とりわけ、禅に先立つ諸思想と重ね合わせる手がかりを残した。

禅の思想は、先行する幾多の思想を踏まえて展開された。その一つに華厳思想がある（七世紀前後）。有名な「四法界《しほっかい》」を禅師の話と重ねてみると、禅師では省略されていた途中の論理が見えてくる。「理事無礙《りじむげ》」である。禅師の話には「理事無礙」の論理が抜けていた。あるいは、「理事無礙」と「事事無礙《じじむげ》」とを区別することなく、一息に語っていた（本書第四章1）。

さらに、それに先立つ『大乗起信論』（五―六世紀）を重ねてみると、その省略された論理がより鮮明になる。『起信論』は「真理の双面性」を語る。「理事無礙」の「無礙」の内側を、「双面性（非一非異）」として、事細かに語っていた（本書第四章2）。

禅師の語りはそうした議論を踏まえていた。禅師にとっては、華厳の論理も『起信論』の「双面性」の論理も、語るまでもないことだったのだろう。そうした理論を踏まえて「第三段階」は語られていた。

本書はそれらの理論と重ね合わせながら「二重の見」を読み拓こうとする。

4　現象学と「二重の見」——新田義弘の理解に即して

ところで、「二重の見」を現象学と関連させて論じた貴重な論考がある（新田 2004）。現象学と東洋思想との対話を目指したこの論考は、主として西田哲学を対象とし、現象学的思惟との近さを解き明かしたものである。その中に「二重の見——井筒俊彦の東洋哲学」という節がある。

新田は井筒の仕事を、「現象学に接近しつつも現象学とは方法的に別の回路で、『世界開現』の問題系をまさに大乗仏教の哲学の根本問題として取り上げ、日本の哲学の現代の課題としても堂々と取り組むべきことを論じた、注目すべき試み」と評価する。

新田によれば、井筒は、「現象学とは問いの動く行程が多少異なるけれども、同じ問題領域に独自の方法によって迫ろうとした」。その「方法的立場」は、「メルロ＝ポンティから受けた、経験の深層構造に関する現象学的な分析の遂行をかえりみつつ、テクストの構造分析の方法を事象分析で裏打ちしつつすすめたものである」。

つまり井筒は、東洋の伝統テクストを分析するのだが、その分析は「経験の深層構造に関する現象学的な分析」に裏打ちされている。そして、それは「メルロ＝ポンティから」受け継いだというのである。

井筒哲学が言語哲学を基盤とすることは、しばしば指摘されてきた（ソシュールからの影響も語られる）。ところが新田は、井筒のテクスト分析がメルロ＝ポンティから学んだ「経験の深層構造に関する現象学的な分析」に支えられているという。井筒の思惟が、根底において、現象学的な思惟に支えられていたと理解するのである。

＊『意識と本質』「第Ⅱ章」はメルロ＝ポンティのフッサール理解を紹介する。メルロ＝ポンティはフッサールの「本質」を「言語の意味分節の網目を通さずに、ものから直接、純粋意識に立ち現われてくる」と理解した。つまり、「もの」が前言語的に語ろうとしている何かを「言語以前」の意識で受け止めて、ありありと現前させること。そう紹介しながら、しかし井筒は「言語以前」を想定することに疑問を呈する。「コトバの意味分節機能を軽視しすぎることになりはしないだろうか」というのである。さらに別の、ドイツ語で発表された論文の中でも、メルロ＝ポンティの「前－客観的見方（客観化しない意識）」を取り上げ、「生活世界」に理解を示しながら、しかし「前－客観的見方」には「主観 Subjekt」が伴っていると指摘する。主観が残っている限り、意識は「……についての意識」である。「ものの脱客観化 die Entobjektivierung der Dinge」は「主観の脱主観化 die Entsubjektivierung des Subjekts」と同時に遂行されなければならない（Izutsu, 1984）。井筒はメルロ＝ポンティに共感しつつも、東洋の伝統思想から見る時、「一歩手前」で留まっていると理解していた。

新田によれば、井筒は「二重の見」を「東洋の思惟の究極的な境位」とした。「二重の見」は、「分別」と「無分別」との同時生起《せいき》である（本書の用語法では「分節と無分節の同時現成」である）。そして、それは「存在解体のあとにくる」。

この存在解体の「後」という点に、新田は現象学との重なりを見る。現象学も「存在解体」と「その後」の二段階に分かれるというのである。

存在解体と再獲得——現象学の二段階

禅師の三段階モデルに合わせる仕方で、話を整理してみる。

〈第一段階から第二段階へ〉のベクトルを、新田は「存在無化と意識の空化《くうか》」と呼ぶ。「現象学の方法的歩みに起きる実体的思惟からの脱却としての自己否定、措定的対象化思惟としての反省的思惟の自己滅却にあたる」。

つまり、分節が溶けてゆくプロセスは、「実体的思惟」からの脱却である。そして「措定的対象化思惟としての反省的思惟の自己滅却」と言い換える。実体化し・対象を措定する・反省的な思惟から離れてゆく。禅師が語った〈第一段階から第二段階へ〉の移行は、そうした「現象学の方法的歩みに起きる」出来事と重なるというのである。

ところが、意識が空化され、存在が完全に空化されると「意外な事態が起こってくる」。分節の世界が「空を貫き通して、また現れる」。〈第二段階から第三段階へ〉の移行である。

新田は「不空《ふくう》の再現」と呼ぶ。一度「空」に至った後に、「不空（空ならざる何か）」があらためて生じてくる。禅師の「第三段階」に当たる。第二段階で「空（無分節）」となってしまった（なることができた）世界が、「不空（分節）」として再び現われる。

そして、西田哲学の言葉でこう解き明かす。「西田の言う行為的自己の表現的自己限定における否定性が『事実』であるということ、これが、不空の再現にあたる。この二重の自己否定において、初めて自己と世界との相互否定的な相互連携的な場面が開けてくる」。

「不空の再現」は、西田が「行為的自己の表現的自己限定」と語った出来事である。正確には、その「表現的自己限定」に働く「否定性」がこの世界を貫いている。「自己と世界との相互否定」、同時に「自己と世界との相互連携」。そうした世界の真相が顕れる（開現する）。「無の自覚と世界開現の一体化の生起」。禅師の語った〈第二段階から第三段階へ〉の移行をこのように説明するのである。

その後、新田はあらためて、「二重の見」と現象学との関連を、次のように、慎重に語り直している。

井筒の言う二重の見とは、いったん到達した境地が、それ以前の現象風景を、ふたたび取り戻すときのありかた、しかし元とは別様に取り戻す仕方である。その意味では現象学でいう還元、つまり超越論的転回のあと、その超越論的見方がそのまま維持されて、一切の世界が消えてしまうのではなく、問い戻されるといったほうがよいが、ふたたびそれを取り戻す。

つまり現象学は二段階に分かれる。前半は「現象学的還元」。一度、世界を消す（失う・離れる・離反する）。「徹底した世界離反」、そして「超越論的見方」に立つ。ところが後半において、世界をあらためて「取り戻す」。「いったん到達した境地が、それ以前の現象風景を、ふたたび取り戻す」。ところが、別様に取り戻す。重要なのは、「いったん到達した境地（超越論的見方）」をそのまま維持するという点である。「無分節」の境地をそのまま維持しながら、現象風景（分節の世界）を、別様に、取り戻す。「世界の再獲得」である。

この「再獲得」を、新田はこう解き明かす。

> 方法的道で失ったものを位置づけなおすことによって、元通りにならない仕方で取り戻す。徹底した世界離反が世界放棄ではなく、世界の真の発見になるような意味で世界を再獲得する。道（Weg）が拓きゆく場面に起きるこの転回の生起には、自覚の生起と世界の開現が一体化するという点で、現象学やそれに近い現代の哲学と大乗仏教の実践知とが近づき合う面が鋭く捉えられており、井筒の論述は多くの示唆を与えている。

現象学も大乗仏教も、その歩みの前半では、世界から「離反」する。しかし世界を「放棄」するのではない。後半において「再獲得」する。それが「世界の真の発見」になる。現象学は、「還元」の後の「超越論的転回」と呼ぶ。「二重の見」はこの転回の「後」に初めて機能する。

5　東洋哲学の根源的パターン

興味深いことに、新田は、井筒が捉えた「東洋哲学の根源的パターン」を、老子や華厳哲学に即して、以下のように、四点に定式化している（この部分は「中国人文科学院」における「日中哲学交流会」の基調講演であったという）。

一、老子以来、東洋の聖人は往復の出来事を体験している。「分節（分別知）」から「無分節（無分別知）」へ、そして再び「分節（差別の世界）」へという往復の出来事。新田によれば、「日常の経験世界の意味秩序を支える存在論的枠組み（分別知）を脱却し、無分別知へと変遷した知が、ふたたび差別の世界にかえってくる」。そこで聖人は「二重の見」を持つ。一方では「存在を無差別相において見る」、他方では「存在を境界差別相において見る」。『老子』第一節で語られた定式である（「常に無欲、以てその妙を観、常に有欲、以てその徼を観る」）。

二、この思想に「無」が導入される。すべての事物は「無自性」である。実体性が徹底的に否定され、空化される。存在解体の論理。同時に、意識も空化される。存在の無化と意識の空化。なお、説明の順序として、井筒は「意識の空化」を先にして、意識の空化の深まりに応じて存在も無化されると語ることが多い。しかしどちらを先に置くかは、どちら側から語るかという視点の違いでしかない（本書第二章）。

三、意識も存在も完全に空化・無化されると「意外な事態が起こってくる」。分節の世界が再び現われる。しかし、空を貫き通して、現われる。「分節」と「無分節」との同時現成。意識の出来事として言えば、「二重の見」である。

この場面で新田は、華厳の「理事無礙」を語る。「理」は、いたるところで、無数の現象形態に自己を分節していく。個々の現象形態が「事」である。「理」は、いかなる時でも、その全体を挙げて「事」として顕現する。「事」は、そのひとつひとつが「理」をそっくりそのまま体現している。そう説明した上で、新田は「二重の見」を、「理事無礙」に即して、こう解き明かす。「〈事〉を見ながら、それを透《す》き通《とう》して、そのまま〈理〉を見ている。〈空的〉主体にとって、同じものが〈事〉であって〈理〉である」。

「透き通して」という言葉は貴重である。二重の見の「二重」を、「透き通して」と表現する。「事」を見ながら、それを透き通して「理」を見る。あるいは、「事」と「理」を二重に見る。さらに同じ出来事が「貫き通して」とも語られる。分節世界（＝不空）が、「空を貫き通して」、また現われる。「空」と「不空」を同時に観る「二重の見」である。

四、華厳の「事」は単独では生起しない。「事」と「事」とが相互に連関しながら生起する。「縁起」の出来事である。それ以外の存在はない。時々刻々「事」と「事」とが連関し合う出来事だけが実在する。新田は、西田哲学の「事実から事実へ」の事象連関を想起する。「すべてのものが、すべてのものを映し出す」。そして、「『事』のなかに覚《かく》、すなわち差異の自己覚知が働くということが、華厳の思想の哲学的な洞察といえる」というのである。

＊新田は、その先に、思惟が思惟の事象に「なり切る」動きに注目している。西田哲学は、「知識が形成される仕方を自ら生きる経験の現場に問う姿勢を終始つらぬき通した」。そして、「それを主題とする適切な方法を自ら探りつつ問うた」。あるいは、西田哲学は、「思惟そのものの底へ向けて起きてくる思惟の『自己そのものになり切る』運動」であった。西田とは異なる歩み方をした井筒においても、同じことが言えるのか。とりわけ、その哲学の論理を「東西思想の邂逅をとおして」形成したという点において、西田と井筒とはどう異なっていたか。

以下、本書は、「分節」と「無分節」を分析枠組みとしつつ、「分節と無分節との同時現成」に注目する。正確には、この分析枠組みを土台として、華厳・起信論・禅に共通する論理を見ようとする。

井筒は、この場合も特定の名称に固定することを避けている。例えば、「二重写しに観る」という。「深層意識と表層意識とを二つながら同時に機能させることによって、『存在』の無と有とをいわば二重写しに観ることのできる、こうした東洋的哲人のあり方」（『意識と本質』I、一四頁）。

あるいは、「二重の『見』」、「二重操作」ともいう。その場合、二つの操作は同時に生じる。「境界線をはずしてみる、それからまた、はめて見る、のではなくて、はずして見ながらはめて見る、はめて見ながらはずして見る」（『コスモスとアンチコスモス』I、二〇頁）。あるいは、形而上学的直観の最高段階は、多様な事物の背後に形而上の「一」を直観するとともに、その「一」が不断におのれを差異化させ、無数の事物となって現象する姿を直観する。「一」が「多」となり、「多」が「一」となる（『スーフィズムと老荘思想』第三部）。

本書はそれらをすべて含めて「二重の見」と呼ぶ。

＊　この広がりの中では、鈴木大拙「即非《そくひ》」の論理も「二重の見」と理解される。「即非」と「二重の見」とを等値するのではない。「二重の見」という舞台に寄せ集まってくる様々な理解、例えば「分節と無分節との同時現成」と重ねてみれば、「即非」は「即と非即との同時現成」と理解される（西平2014、第四章）。

第二章　「分節と無分節との同時現成」とは何か——認識、存在、そして、言葉

井筒の論文「分節の哲学的問題 The philosophical problem of articulation」は、禅師の三段階モデルを「分節」の視点から解き明かす（初出は The philosophical problem of articulation in Zen Buddhism, *Revue Internationale de Philosophie*, 1974, 現在の形は Izutsu, 1982）。井筒は「認識的」側面と「存在的」側面とに区別する。禅師は両側面を区別せずに語ったが、井筒は意図的に（こうした思想に馴染みがない西洋の読者のために）、認識の問題と存在の問題とを分けて、解き明かした。前者は認識主観の変容を語り、「二重の見」の位置を明らかにする。後者は存在の変容を語り、形而上学的な多層性を明らかにする。人間が分節するのではない。無分節が自らを分節する。無分節が、時々刻々、自らを或るものへと分節し、（直接無媒介的に）経験的世界を構成する。そうした出来事を語る「言葉」についても触れる（本書第六章と関連する）。

1　認識の変容

禅師はまず、「山は山である」から「山は山ではない」への変容を語った（第一段階から第二段階への移行＝往相）。

山は山ではない。認識の問題として言えば、世界の区切りが溶け去った。同時に重要なのは、認識する主観も溶け去るという点である。世界の区別が溶け去ると同時に、〈主観〉と〈客観（対象世界）〉との区別も溶け去る。

さしあたり、「無分節」と理解されてよい。しかし正確には、「無分節」は多様に体験される。例えば、世界との一体感があり、あるいは世界に吸収され、「我（認識主観・意識主観）」が消える。あるいは、「我もなく世界もない」と体験されることもある（井筒は、臨済の「四料簡《しりょうけん》」に即して語った。西平 2014, 五章）。

このように、この変容プロセスの「行き先」は多様に語られるのだが、〈認識する主観〉が変容することは確かである。井筒は「意識」という。意識が変容する。ところが、井筒は「無意識」とは語らない。「無意識」という言葉は、意識の働きが消えた状態を意味してしまうからである。消えてしまうのではない。「無分節」における「意識」は、あくまで意識の働きである。日常的な意識の働きとは違う特別な意識である。井筒は「深層意識」と表記し、その行き着く先を「意識のゼロポイント」と呼んだ。

ところが、そこが最終地点ではない。その先に「第三段階」へと移行する。その移行は今までとは向きが違う。今までのように、「分節を消す」のではない。むしろ新しい分節を創り出す。世界を新しく区切り直してゆく方向である。

それは、新しい「認識する主観」の出現でもある。しかし、第一段階に戻るのではない。意識は、第二段階を通過したことによって、既に変容している。井筒は、賢者の眼に託して、こう説明する。究極の「区切りなし」を体験した賢者の眼は、たとえ分節を取り戻しても、「区切りなし」の境地を忘れることができない。世界を新しく区切りながら、しかしその背後に、常に「区切りなし」を重ねて観る。つまり「二重写し」になる。「区切り」と「区切りなし」とを「二重写し」に観る。

そして、『老子』を引く（『意識と本質』I、一三頁、「事事無礙」『コスモスとアンチコスモス』一九頁）。

常に無欲、以て其の妙《みょう》を観、常に有欲、以て其の徼《きょう》を観る。　（『老子』一）

「妙《みょう》」は区切りのない無分節の姿である（英語では “the mysterious reality of Tao (with absolutely no determination)”）。「徼《きょう》」は名によって区切られた分節の姿（“the determined forms of Tao”）（Izutsu, 2008. vol. II, p. 158）。

その両側面を（両相において）観る。一方で「常に無欲」、名によって規定されたものを観ることがない。他方で「常に有欲」、名によって規定されたものを観る。この相矛盾する二つの意識状態が、二つながら同時に働く。無分節と分節という、二つの矛盾した世界の現われ方が、この境地においては「二重写し」になる。

井筒は「二重の見」とも「複眼」とも言い換える（ドイツ語では“ein Doppelfokus-Auge”, Izutsu, 1984, S.35）。あるいは、東洋の思想を縦横無尽に渉猟し、様々な言葉を紹介する。禅に言う、「柳は緑、花は紅」、道元では「而今《にこん》の山水《さんすい》」、華厳思想の「理事無礙《りじむげ》・事事無礙《じじむげ》」。いずれも「分節は戻るが、本質は戻らない」。

とりわけ、スーフィズムの「複眼の士」について、貴重なコメントが残されている。イスラームでは最高位に達したスーフィーを「複眼の士」と呼ぶ。この「複眼」は「拡散」「収斂」を経た後の「収斂の後の拡散」と説明される。しかし実は、この「後の」は、正確には、時系列における前後関係ではない。むしろ「収斂・即・拡散」である。「後」という時間軸に沿った表現は、「修行上の段階を考えて」のことであって、「複眼」においては、この二つの操作は同時に起こる。「区切り無し」と「区切り有り」とが、同時に、働く。

そうした賢者の複眼と対比的に言えば、私たちは単眼で見ていることになる。私たちの日常意識は、「区切りあり」だけを見る。だからこそ事物が個々別々に見えるのだが、しかしそれによって「区切りなし」の側面は隠れてしまう。私たち凡人の日常意識は、世界を「区切り」としてのみ体験し、その世界が「区切りのない」流体的な姿で顕れるとは思わない。

ところが「複眼の士（二重の見）」は、常にその「区切りなし」の側面も同時に働かせる。「区切り」を区切りとして明確に観ながら、「区切りなし」も観る（禅は「無一物中無尽蔵」と言う）。

井筒は、「実際に活動する日常的現実の世界に身を処しながら、しかも無為の境地にとどまる」と言う（『意識の本質』Ⅰ、一五頁）。活動している（区切る）のだが、同時に、無為の境地を保つ（区切らない）。区切りながら、区切らない。それが可能であるのは、その「区切り」が「本質」に縛られないためである。本質に縛られることなく、区切る。

あるいは、「コトバ（意味）を超えたところに立ちながら、コトバ（意味）の現出する多彩な事実世界を見なおす」ともいう。言葉を超えた位相を見ながら、言葉を大切にする。あるいは、言葉を語りながら、言葉を超えた位相を大切にする。

第三段階は、こうした特殊な二重性を体験する意識、「二重の見」である。

分節の恣意性

さて、あらためて、第一段階の「分節」に戻ってみる。私たちが日常的に体験している「分節」が、いかに「恣意的」であるか。

井筒はこう説明する。人は世界を恣意的に区切っているのだが、そのことに気がつかない。自分が見ている姿が、そのまま世界の真の姿であると思い込んでいる。

例えば、視覚というフィルター（区切り）を通して、世界を体験する。そこには言語の影響が加わっている。〈虹を五色と見る言語を母語とする人の眼〉には虹は五色と体験され、〈虹を七色と見る日本語を母語とする人の眼〉には虹は確かに七色として現われる。

「区切り」は、私たち人間が「恣意的に」引いた境界線に過ぎない。もともとの世界に境界線はなかった（宇宙から見た地球に国境線がないように）。私たち人間が「区切り」を設定する。しかも、自らの感覚器官に合致する仕方で区切るから、それが恣意的であるとは気がつかない。自らの感覚に合致していればこそ、その区切りが「恣意的である」ことは自覚されない。「人がリアリティを分節する際の恣意性 the arbitrariness of man's articulation of reality」（Izutsu, 1982, p. 137）。

とりわけ、言葉によって区切る（正確には、井筒は「コトバ」と表記する）。単に区切るのではない。言葉はその区切りを固定する。仏教思想が「自性」と呼んできた「実体性・固定性」である。井筒はこの「自性」を「本質」と置き換え、現代の哲学に生かそうとする。

私たちの日常世界において個々の区切りは、「本質」によって裏打ちされ、「本質的に固定された実体」として、他の「実体」から区別される。他の区切りに変化することは許されない。本質は他の可能性を排除する。井筒は「凝固点」と呼ぶ。多様な可能性を一つに固定する「凝固点」。

逆に言えば、「凝固点のない存在は流動する」（『意識と本質』Ⅶ、一七九頁）。本質に縛られなければ、区切り方を変えることができ、区切り方が変わると同じ現実がまるで違った姿で現われる。「本質」の束縛を離れた存在の「生々躍動、流動性」（同頁）。

井筒によれば、そうした事態を道元は「解脱《げだつ》」と呼んだ。そして井筒は、道元の語る「解脱」を

「本質の束縛から離れる」こととして解き明かした（本書第三章）。

私たちは言葉によって区切り、固定し（一つの本質に縛り付け）、それ以外の可能性に目を閉ざしてしまう。その区切りを弱め、区切りが消えてゆくならば、人は徐々に通常の区切りから離れてゆく。「私」という独立も薄れてゆく。それが第二段階への移行プロセスであったことになる。

2　存在の変容

今度は、存在の側面を見る。人間が分節するのではない。無分節が主語になる。無分節が自らを分節する。無分節が、時々刻々、自らを或るものへと分節し、経験的世界を構成してゆく。

三段階の話と重ねて言えば、前半が「分節」から「無分節」への存在変容であり、後半は「無分節」から「分節」への存在変容である。

まず、前半（第一段階から第二段階への移行）を見る。第一段階の存在は「実体（本質に縛られた分節）」である。本質によって固定され、他の実体と明確に区別される。

前半の変容プロセスは、こうした「固定した実体」が溶けてゆく様子を語る。いわば、固い氷が溶けてゆくプロセスである。製氷器で固まった氷は、製氷器の型に従い、独立した形を持っている。他の個体とは区別された、ひとつひとつ独立した「実体」である。

ところが、氷が溶けてゆくと、個体としての凝縮性が緩み、他の個体へと流れだす。独立した個体としての境界線が溶け、他の個体との境目がはっきりしなくなる。さらに溶けると、液体になる。液体は境界線を持たない。「無分節」は（このメタファーで言えば）、「流れ」である。区切りがない。すべてがつながっている。

ところがこのプロセスには、後半がある。第二段階から第三段階への移行においては「区切り」が回復する。しかしこの「区切り」は明確な輪郭線を持たない。むしろ、今まさに区切りが生じつつある。あるいは、個々のものが「もの」として姿を現わしつつある。

一見すると、第一段階の回復に見える。しかし、第三段階の「もの」は、存在論的に流体的である。再び凍り始めるが、まだ「流れ」を内に秘めている。「固定された実体」ではない。「区切り」は戻るが、「固定した実体」は戻らない。

仏教の伝統的用語に即して言えば、「自性《じしょう》」がない。「無《む》自性《じしょう》」の世界。井筒は「自性」を「本質」と言い換える。本質に縛られない。不変の本質によって固定されない。「分節」は働くが、「本質」は戻らない。

あるいは、第三段階の「もの」は区切りを持つのだが、同時に、互いに重なり合う。「分節されていると同時に、無分節である」。むろん、区切りのない溶解状態ではない。区切りはあるのだが、しかしその区切りは微妙であって、実体として固定されてしまわない。

あるいは、個々の「もの」は、実は、同じ「形而上学的無分節」が姿を変えたに過ぎない。タオイズムは「道」と言い、大乗仏教は「空」と呼ぶ。その無分節が、自己を分節してゆく。個々別々の事物と見えるすべてのものは、無分節に区切りができ、独立した姿となっているに過ぎない。井筒は「無分節の自己分節」と呼ぶ。無分節が自己分節した姿。それが東洋哲学の語る「存在の真相（究極の現実 Tathata）」である。

なお、この「存在の真相」を、井筒は、英語の著作において reality と表記する。東洋の伝統的思想は、「無分節が自己分節した姿」をリアリティと見た。ということは、分節の世界（第一段階）を「存在の真相」と見なかったと同時に、無分節の世界（第二段階）もそのままでは「存在の真相」と見ない。すべてが溶けた流体的世界が「存在の真相」なのではない。流体的に「すべてつながっている」と同時に、個々別々の事物に分かれている。同じ「無分節」の自己分節した姿として、つながっていると同時に、区別されている。あるいは、すべての事物が相互に関係し合いながら瞬間ごとに生成する。華厳哲学が「縁起」と呼ぶ事態である。

井筒は、「縁起」を英語で論じる際に、「同時に simultaneous」と「関連し合いながら interdependent」という二つの形容動詞を並列させ、しかも「生じてくる出来事 emergence」であり同時に「存在 existence」であると説明した。"this dynamic, simultaneous and interdependent emergence and existence of all things"（本書八五頁）。

「無分節」がそのまま「存在の真相」を表わしているわけではない。

「無分節＝存在の真相」ではない

井筒は、従来「無分節」だけが強調され、区切りの消えた無分節がそのまま世界の真相と誤解されてきた点に、繰り返し注意を促す。無分節は、そのままでは存在の真相ではない。

むろん「分節」だけを見ていても、真相には至らない。しかし、「無分節」だけを見ても、真相を捉えることはできない。無分節が「自らを分節する出来事」を見る。正確には、見るのではない、その出来事に参入する。自らが、その出来事になってしまう。自らが、無分節の自己分節した一場面である。

例えば、禅と言葉との関係を見る。禅は言葉による説明を嫌う。では、言葉の消えた「沈黙」を願うのか。確かに、沈黙は、言葉という分節を離れた「言葉なし（無分節）」であるのだが、しかし禅は沈黙に満足しない。むしろ、沈黙によって、「世界の真相を捉えた」と思い込む誤解に対して警告し続ける。

もちろん、この場合も、言葉に頼っている限り（言葉という分節に囚われている限り）、真相を捉えることはできない。しかし、言葉を拒否しても（分節の消えた相のみを見ても）真相を捉えることにはならない。無分節が、そのまま存在の真相であるわけではない。そうではなくて、「新しい分節」に向かう。あるいは、新しい仕方で区切る「ことば」に期待を寄せる。

では、「新しい区切りを持ったことば」とはどういうことか。井筒は、道元の語る「かのごとし」という用語に注目する。道元は、無分節でありながらしかし分節されている「かのごとし」という姿に、存在の真相を観た（本書第三章）。

区切りのない無分節ではないが、本質に固く縛られた区切りでもない。区切りはあるのだが、あたかも区切りがないかのように、透明である。相互に無礙であるのだが、分節されている「かのごとし」。あるいは、分節されている「に似たり」。

この事態を井筒は（読者の理解を助けるために）、覚者の眼を借りて「二重写し」と説く。分節と無分節との「二重写し」。存在の真相を観るに至った覚者の眼は、分節と無分節とを二重写しに観る。「二重の見」である。そしてその「二重」の内側をこう解き明かす。

分節されたもの（例えば花）が、その場で無分節に帰入し、また次の瞬間に無分節のエネルギーが全体を挙げて花を分節し出す。この存在の次元転換は瞬間的出来事であるゆえに、現実には無分節と分節とが二重写しに重なって見える。それがすなわち「花のごとし」といわれるものなのである。

（『意識と本質』Ⅶ、一七七頁）

花・鳥・魚はそれぞれ分節されている。独立して存在している。ところが存在の真相を観るに至った覚者の眼には、それらの「分節されたもの」が、一瞬のうちに、区切りのない無分節の中に溶けてしまう。しかし次の瞬間に、その無分節のエネルギーが全体を挙げて花となる。無分節が自らを花として自己分節する。

華厳哲学が「挙体性起《きょたいしょうき》」と呼ぶ事態であり、井筒が「無分節の自己分節化」と呼ぶ存在論的事態である。

3 言葉の働き——詩のことば

ところで、井筒は「詩的」な言葉を「散文」の言葉から区別している。道元が「かのごとし」と呼んだ事態を描き出すのは、「詩のことば」である。

散文（命題）における言葉（概念）は、明確な定義を持ち、特定の意味（a closed semantic unit）に固定される。それに対して、詩のことばは開いている（open or, we might say, transparent）。「ことば」は、多様な意味を持ち、事物と事物とを融合する機能（the 'fusing' function）を持つ。

禅師の言葉は「詩的」である。とりわけ「第三段階」を語る「ことば」は、詩のことばと同じ働きを持つ。そこで語られた「山」は、確かに一方では、ひとつの分節単位（a closed semantic unit）を指す。「山」は「山」であって、川ではない、花ではない。ところが他方では、この「山」という言葉は、山と川と花とが融合した姿を描く。山と川が相互に透入し、ひとつに溶け合う位相。「事事無礙」の世界である。

当然、その前提として「理事無礙」がある。「山」は「理」の直接的な顕れである。「無分節（理）」が、時々刻々、自らを「山」へと分節する。同時に「無分節」は、時々刻々、自らを「川」へと分節する。山も川も花もすべて「無分節（理）」の顕れである。同じ「無分節」が自己を分節した姿である。したがって、「山」と「川」と「花」はそれぞれ区別される（分節されている）が、実は、同じ「無分節」である。そこで相互に透入し合う。

「無分節」はあらゆる言葉の内にも顕れる

同じことを、別の視点から言い換えてみる。詩のことばも世界を区切る。しかしその区切り方は「概念」とは異なる。定義の明確な概念は、事物を固定的に規定する。概念が曖昧であることは許されず、常に一貫して一義的な定義を保持する。概念は「本質」を持つ。

それに対して、詩のことばは、ゆるやかである。曖昧さを残し、それゆえに世界の多義的な厚みを、例えば象徴的に、そのまま写し取る。禅は、こうした「詩のことば」の機能を用いて、すべてがつながり合っている流動的な世界の位相を捉えようとする。すなわち、一方では「区切りから離れて」、他方では「新たな区切りのもとに」、世界を捉えようとする。

＊　意識の「構造モデル」の「イマージュ」と重ねて言えば、「イマージュ」を固定せずに流動的なまま写し取るのが「詩のことば」と理解される。しかし、後に見るように、禅の「三段階モデル」と意識の「構造モデル」との関係は、一筋縄では理解されない（本書第五章）。

禅師の「山」は、一方では、区切りを持つ。川や花とは区別された「山」である。ところが、他方では、この「山」は、無分節エネルギーがそのまま全体を挙げて顕れた姿である。区切りがない、ということは、すべてがつながり合った流動的なエネルギーが、その全体のまま一挙に「山」として顕れ出ている。

「詩のことば」はその両面を捉える。その上で、井筒は、重要な指摘を残している。「無分節」はあらゆる言葉の内にも顕れるというのである。

「無分節（無分節的全体エネルギー）」は、特定の言葉にのみ顕れるわけではない。ということは、面白いことに、「無分節」という言葉だけに顕れるわけではない。本当は（世界の真相を見抜いた賢者の眼で見れば）、すべての事物が、無分節的全体エネルギーの顕れである。そしてすべての「ことば」が、その全体エネルギーを表わしうる。「無分節」という言葉だけが、それを表現するわけではない。

あるいは、まったく逆から言えば、「無分節」という言葉によってすら語ることはできない。いかなる言葉によっても、「無分節（無分節的全体エネルギー）」を語ることはできない。『起信論』の「離言真如《りごんしんによ》」である。言葉を離れた真の姿。「無分節（無分節的全体エネルギー）」は、いかなる言葉の区切りにも納まることはできない。では、「言葉を離れた姿」だけが真の姿であるかと言えば、そうではない。むしろ『起信論』によれば、「真如（真の姿）」は、言葉の中に自らを顕そうとする。言葉から離れたところに特権的に留まることはない（「離言真如」は「依言真如《いごん》」として言葉の内に顕れ出る）。「無分節（無分節的全体エネルギー）」も同様に、言葉の中に自らを顕す（西平 2021 予定）。

しかも、特別な言葉の内に顕れるわけではない。本当は、すべての「ことば」の内に自らを顕わす。ところが、他者への伝達という機能を考えれば、すべての「ことば」にその任務を負わせることには無理がある。やはり、各言語共同体の中で、それぞれに特別な「ことば」がその任務を担ってきた。例えば、「タオ」という言葉がその任務を担当し、その言語共同体の中ではこの言葉が「無分節（無分節的全体エネルギー）」を担ってきた（伝達してきた）。

しかし、「詩のことば」においては、いかなる言葉の内にも「無分節」は顕れる。正確には、いかなる「ことば」も、そのつど「新たに分節する働き」を担当することができる。「第三段階」における「ことば」を、井筒はそのように理解した。「二重の見」における「ことば」の機能である。

＊『無門関』の公案「首山竹篦《しゅざんしっぺい》」に関する井筒の評釈について、既に何度か言及した（例えば、西平 2014、第四章補論）。「竹篦である」と言えば、言語によって分節してしまうから無分節の真相を捉えることができない。しかし「竹篦ではない」と言えば（井筒は「なんとも呼ばずに黙っている」と理解する）、「それでは現実にそれが竹篦として働いているという疑うべからざる経験的事実に違反する」。

そこで、井筒は「絶対無分節と経験的分節との同時現成」という。新田が「世界の再獲得」と呼んだ事態。分節の世界が「空を貫き通して」、再び現われる。あるいは、分節の中に、「それを透き通して」、絶対無分節が顕れ出ている（本書三六頁）。実際、この場面における井筒の語りは「無分節」を主語にしている。「無分節」が「分節の世界」を作り出してゆく。

「絶対無分節者でありながら、しかも同時に、それが時々刻々に自己分節して、経験的世界を構成していく。その全体こそが禅の見る実在の真相だ。無分節がそのまま、その全存在エネルギーを挙げて自己分節する。無分節と分節との間に一毫の間隙も置かれてはならない。電光石火。無分節態すなわち分節態。両者の間に一毫の間隙もないということは、しかし、『本質』の介入を許さないということだ。『本質』が介入してこない、無『本質』のままでの存在分節、それが禅の問題にする存在分節である」（『意識と本質』VI、一三九頁）。

ところがその後、井筒は、あらためて「コトバ」の問題に戻ってくる。一度、存在分節という存在論の極限を語った上で（井筒の文章に特有の、一行空白を開けた後に）、あらためて「コトバ」の問題に戻ってくる。「コトバを離れてしまうわけにはいかない。沈黙はものを分節しないからである。だから、何とか言わなくてはならない（「速かに言え、速かに言え」）」（同、一四一頁）。

つまり、再び修行者の視点に戻ってきた。何か言わなくてはならない。「但し、それを『本質』ぬきで、『本質』を喚起せずに、やれというのだ」。竹篦と言ってもよい、何と言ってもよい、しかしその言葉が「本質」を呼び起こしてはならない。「もの」を固定することになってはいけない。「コトバ」は「本質」を呼び起こす。「もの」をそのものとして固定する。その「コトバ」を、一切、そうした結果が生じないように使えという。不可能である。「この不可能事を、しかし、禅は厳として要求する」。そして、禅者にそれができるとすれば、「それはただ、ものをその名で呼んで分節しながら、同時にそれを絶対無分節者としても見る目が働いているからである」。

この問題は、道元の言葉を問題にする際にも（本書第三章5）、「禅モデルと密教モデル」の関連を見る際にも（本書第六章5）、そして、『起信論』の「離言真如」と「依言真如」の関連を問う際にも（本書第四章1）、繰り返し登場する。

第三章　道元「水、水を見る」——『正法眼蔵』と「二重の見」

『意識と本質』第Ⅵ章・第Ⅶ章は、禅の思惟形態を解き明かした。その最終部に道元が登場する。ユダヤ・イスラーム・密教・儒教を読み解いた井筒が、道元『正法眼蔵』をどう読むか。「分節」「無分節」「二重の見」の視点。とりわけ「言葉」の問題を追求する。「鳥のごとし」「魚に似たり」。この不思議な言いまわしが、実は「二重の見」の表現であった。道元は、〈区切る（分節）〉と〈区切らない（無分節）〉とを二つながら同時に機能させる「二重の見」に映る世界を、そうした言葉の内に納めようとした。第二章の言葉の問題とつながる（本書第二章3）。というより、その論文「分節の哲学的問題 'The philosophical problem of articulation'」の最後に登場した議論である。華厳哲学との重なりを予告しながら読む。なお、本章は既発表（西平 2016）に手を入れ直したものである。

1　分節と本質

『正法眼蔵』「山水経」に、「水、水を見る」という謎めいた言葉がある。人が水を見るのではない。魚が水を見るのでもない。水が、水自身を、「見る」。

さしあたり、人間の視点から離れる教えと理解する。人間のものの見方に囚われている限り、世界の真相を見ることはできない。水の真相に至るには、人間の視点から見るだけではなく、魚の視点から水を見る、天人の視点から水を見る。のみならず、水が水自身を「見る」視点を学ばなければならない。道元は「水現成の公案」と呼ぶ。

水の水をみる参学あり。水の水を修証《しゅしょう》するゆへに、水の水を道著《どうちゃ》する参究あり。

（水が水を見る見方で、水を見ることを学ぶ。この段階では、「水」を見るのは水であるから、「水」が「水」を語り明かすことになるからである）。

（道元「山水経」『正法眼蔵（二）』水野弥穂子校注、岩波文庫、一九九〇年、一九二頁、以下頁数のみ記す）

ところで「山水経」は、「而今《しきん》の山水は、古仏の道現成《どうげんじょう》なり。ともに法位に住して、究尽《きゅうじん》の功徳《くどく》を成《じょう》ぜり（眼前の山水の自然の姿はそのまま仏の悟りであり、それ以上の教説はあり得ない、この世界で出会う山や水がそのまま真実在そのものである）」という有名な言葉で始まる。そして「東山水上行《とうざんすいじょうこう》」という奇妙な話も出てくる。東山が水の上を流れて行く。常識的にはありえないこと。「山が水の上を流れる」ということは、常識の地平においては、意味をなさない。ところが、道元によれば、人間の立場を離れて山を見るならば、山は動き出す。人間のものの見方に縛られなければ、山と水との関係は、まったく新しくなる。山も水も「真実在」そのものとなる。「而今の山水は、……ともに法位に住して、究尽の功徳を成ぜり（山も水も、それぞれ別々に存在しながら、しかもそのままにして真実在そのものの顕れとなる）」（同、一八四頁）。

そうした事の機微を道元は一言、「東山水上行」と示した。「水、水を見る」という謎めいた言葉は、その話の筋の中に登場してくるのである。

井筒にこの言葉を解き明かした論文がある。「水現成」を中心主題とするわけではないのだが、論文の最も核心的な箇所においてこの問題が論じられている（前出、The Philosophical Problem of Articulation. 初出は一九七四年）。井筒の日本語文献では、『意識と本質』第Ⅶ章の後半が対応するが、（例の通り）直接的な翻訳ではなく、和文は和文で独自に書き直されている。その食違いも含め、英文・和文を重ね合わせながら見てゆくことにする。

「水、水を見る」は、禅師のモデルで言えば「第三段階」、本質に縛られることのない「分節」が新たに生じてくる話として登場する。論文の中では、この「水現成」の話だけが独立した節をなし、論文全体のバランスを崩すほど、大きな位置を占める。また、『意識と本質』の中でも、禅哲学を論じた長い二つの章の最後の最後に配置され、あたかも最奥の秘儀を解き明かすかのように扱われているのである。

2 分節の恣意性

井筒は、道元の議論の出発点を「分節の恣意性」に見ている。正確には、道元の議論の哲学的意味を、そうした文脈の中に位置づけることによって、解き明かそうとする。

人は、現実を、自らの認識枠組みに即して分節する（本書四三頁）。視覚や聴覚といった感覚器官に即して区切る。あるいは、常識や理性的判断に合致させて区切る。先の「東山水上行」が奇妙に聞こえるのは、その出来事が私たちの常識的な区切りに納まりきらないためである。山は「動かない」ことになっている。山が水の上を流れるなどということは、常識的な区切りから見たら、意味をなさない。

しかし道元によれば、そうした常識的な区切りは、私たち人間が「恣意的」に引いた境界線に過ぎない。私たち人間が自らの感覚器官に合致する仕方で「区切り」を設定する。そしてまさに自らの感覚に合致していればこそ、その区切りが「恣意的である」ことに気がつかない。道元もこの「恣意性」を指摘するところから話を始めた。

井筒は「コトバによって」区切るという。単に区切るだけではない、「コトバ」は区切りを固定する。個々の区切りはそれぞれの本質によって定義され、「本質的に固定された実体」として、他の「実体」から明確に区別されることになる。

道元が強調したのは、この本質が、他の可能性を排除してしまうという点である。例えば、水は「下流に流れる」と定義される時、水の本質からして、下流に向かって流れるものと理解され、それ以外の可能性は排除されてしまう。「この個物に、それ以外の何百もの存在論的可能性が残されているということに気がつかない」。水は「下流に流れる」と思い込み（下流に流れるという性質のみを本質として固定し）、それ以外の可能性を閉ざしてしまう。

しかし、水は下流に流れるとは限らない。水の場合は、氷になり・蒸気になるという仕方で、他の可能性が見えやすいのだが、道元の話はそこに留まらない。「山」が「水」の上を歩く可能性を見る。私たちが自ら設定した「区切り」に縛られなければ、「水」には、そうした「存在論的可能性」が含まれている。

水という区切りが溶け去り、山とつながる新しい「区切り」が生まれる。もし私たち人間が、自ら設定したに過ぎない区切りから自由になり、水を一つの本質に縛り付けることがなければ、「水」は多様な存在論的可能性に開かれてゆく。私たち人間がコトバによって区切り固定し（一つの本質に縛り付け）、それ以外の可能性に目を閉ざしてしまうだけである。そこで井筒はこの「本質」を「凝固点」と語る。水の「本質」とは多様な水の可能性を一つに固定する「凝固点」である。

逆に言えば、「凝固点のない存在は流動する」。本質に縛られなければ、「何百もの存在論的可能性」が動き出す。「『本質』の束縛を離れた存在のこの生々躍動、流動性」。その事態を、道元は「解脱」という。正確には、道元の語る「解脱」を、井筒はこうした「本質の束縛から離れる」という哲学的意味において解き明かしてみせたということである。

3　「人、水を見る」、「魚、水を見る」、「水、水を見る」

さて、道元は「人間の見方」から離れるために、「水」をめぐってこんな話をする。魚から見る時、水は住まいである。魚にとって水は居住空間である。あるいは、経典によれば、天人たちは水を宝石の首飾りと見る。天女にとって水は宝石の首飾りなのである。同じ水であっても、見方が違うと、それぞれ異なる姿をもって現われる。というより、それらが、実は自らに固有の見方に過ぎないと気がつくことなく、思い込んでいる。

魚にとって、水は住まいとして現われるのではない、水は住まいである（と思い込んでいる）。天人たちにとって、水は首飾りとして現われるのではない、水は首飾りである（と思い込んでいる）。同様に人間も人間固有の眼に即して水の本質を決めている。正確には、水というコトバで区切り、コトバの文化的制約性に束縛される仕方で、水を見ているに過ぎない。「恣意的」なのである。

しかもその「恣意性」は、それぞれの存在様式にとっては最も「自然 natural」であるから、ますます気がつきにくい。魚にとって水が住まいであるという最も自然なことが、実は最も「恣意的」なのである。井筒は「naturally（that is, arbitrarily!）」と書く（Izutsu, 1982, p. 138）。人間にとって最も自然に感じられる区切りが、すなわち最も「恣意的」である。そもそも人間が創り出した恣意的な区切りを、最も自然なこととして感じているに過ぎない。

そこで道元は「随類の諸見不同」という。多様な種類に即した多様な見方はそれぞれ同じではない。その違いを想像せよ。人間の感覚から離れ、人間以外の者にとって水がどのように体験されているかを想像せよ。多様な視点を思い、高次の視点に映る姿を思えというのである。

＊　氣多雅子は、「ここで井筒は、意味分節には身体性のレベルが関わっていることに気づいているにも拘らず、著作の中で身体性の問題に踏みこむことはしない」と重要な指摘を残している（氣多 2018, 一五五頁）。魚が水を住まいとするのは、魚に特有の身体性のゆえである。「恣意性」はそれぞれの身体性に即して生じる。とすれば、井筒の考察を「身体」の視点から読み直すことができる。この場面に限らず、井筒哲学を「身体」の視点から読む作業は重要な課題となる。

「水、水を見る」

ところが、道元の話はそこに留まらない。多様な視点から見るだけは足りない。その先に「水、水を見る」という見方がある。水が水を見る見方を学ぶ必要がある。人間や魚や天人というそれぞれの立場から水を見るのではない。「水が親しく水を悟るのだから、水が水を語り明かすことになる」（*ibid.*, p. 141）。

話を整理してみるならば、一、人間だけに特有の視点（「人見」）。二、人見に縛られない、魚や天人の視点まで含めた多様な視点（高次な視点、「随類の諸見不同」、「人天の水を見る」）。三、「水、水を見る」という視点（英文原著では the stage of water-seeing–water）。

道元は、こう語る。

しばらく十方の水を十方にして著眼看《ちゃげんかん》すべき時節を参学すべし。人天の水をみるときのみの参学にあらず。水の水をみる参学あり。水の水を修証するゆへに、水の水を道著する参究あり。

（「山水経」一九二頁）

井筒（英文）はシンプルな英語で解き明かす。「あらゆる次元において存在している『水』を、あらゆる次元の異なるものの見方から見ることを学ぶべきである。人間や天人のみの視点から水を見るのではない。水が水を見る見方で、水を見ることを学ぶ。なぜなら、その段階は、『水』を見るのは水であり、必然的に『水』が『水』を語り明かすことになるからである」（Izutsu, 1974, p. 140）。

人が水を見るのではない。魚が水を見るのでもない。水が、水を見る。和文（『意識と本質』）はこう解き明かす。

①水が水そのもののコトバで自らを水と言う（「道著《どうぢゃ》」する）のだ。……②水そのもののコトバで、とは無分節者自身のなまのコトバで、ということ。③水が水自身を無制約的に分節する、それが水の現成である。④だから、分節された水は明々歴々として現成するけれど、これに「本質」を与え、水を「本質」的に固定するような言語主体はここにはない。

（『意識と本質』Ⅶ、一八四頁、丸枠の数字は引用者）

「①水が水そのもののコトバで自らを水と言う（「道著《どうぢゃ》」する）」に当たる箇所を、英文は、"water illuminating itself and disclosing itself as the primordial Non Articulated" と説明する（*ibid.*, p. 141）。水が自らを照らし出し、自らを開示する、もともとの無分節のままに。

つまり、「②水そのもののコトバでとは、無分節者自身のなまのコトバで、ということ」。人間のコトバではない。無分節のなまのコトバで、水が自らを「水」と言う。「③それが水の現成である」。「④分節された水」は「新たな分節（分節Ⅱ）」として存在する。しかし「本質」に縛られない。水を固定する「本質」を与える言語主体がないからである。

この事態を道元は「解脱」と呼ぶ。存在論的に言えば、無分節者が自己を分節する仕方は、限りなく自由であるということ。ところが同時に道元は注意を促す。「しるべし、解脱にして繋縛なしといへども諸法住位《しょほうじゅうい》せり」（「山水経」一九四頁）。

「諸法住位」とは、水も山も、それぞれ完全に分節されているということ。水は水の存在的位置を占め、山は山の存在的位置を占めている。しかしこの水と山には「本質」が伴わない。本質に由来する一切の繋縛から自由である。無自性である。ということは「分節Ⅱ」の位相を言い当てていたことになる（華厳哲学で言えば、「事事無礙」の位相に相当する）。

4 水が、自らを、水へと分節する

さてここで、あらためて「分節」という言葉に立ち止まる。これまでこの言葉は「区切る」という意味で理解されてきた。人間が世界を分節する（区切る）。人間が恣意的に世界を分節することによって、個々の事物は「分節（分節されたもの・独立した存在者）」として姿を現わす。

ところが井筒は、この言葉を「別の」意味でも用いていた。「無分節が自らを分節する」。人間が分節するのではない。無分節が自らを分節してゆく。無分節（区切りなきもの）が自らを或るもの（区切られたもの）へと分節する。「形なきもの」が「形」になる。無分節という「形なきもの」が、「形」という分節された姿へと自らを顕す（自己分節する）。

先の引用に戻れば、「③水が水自身を無制約的に分節する」。水が、水という分節された姿において自己を顕す。ということは、別の形に自己分節するのではない。水が自らを、水へと、分節する。「形なき（無分節の）水」が「形ある（分節された）水」へと、自己分節する。

道元は、「①道著する（語る・表現する）」と語り、井筒は「水そのもののコトバで言う」と解き明かす。そして、「②水そのもののコトバでとは、無分節自身のなまのコトバで」と付け足す。「水が、水を見る」とは、水が自らを「もともとの無分節」として語り出すということ。「語り出す」といっても、人間のコトバのように、区切りを本質で縛ることはない。「④これに『本質』を与え、水を『本質』的に固定するような言語主体はここにはない」というのである。

自己分節は同時に無化される

さて、ここから井筒の話は、ますます微妙な問題に入り込む。ひとつは、「自己分節は同時に無化される」という点、もうひとつは、「水が遍在する」という点である（以下、華厳哲学の用語と重ねて読む。「水、水を見る」が、「理事無礙」でも「事事無礙」でもなく、「理理無礙」に近い出来事ではないかという問題提起のためである）。

まず井筒は、自己分節は同時に無化される、という。「水が水自身を水にまで分節するということは、結局、分節しないのと同じである」（『意識と本質』Ⅶ、一八四頁）。

水を見るのは、水そのものである。あたかも透明なものが透明なものを見る時、二つの透明を区別することができないように、「水が水自身を水にまで分節する」ということは、自らの分節行為を無効にしてしまう。結局、分節しないのと同じである。分節しながら分節しない（華厳で言えば、「事」と「理」は区別されるが、しかし互いに礙《さまた》げ合わない。無礙である。「理事無礙」である）。

こうした事態を、井筒は「覚者の眼（悟りを開いた人の眼）」を借りて説明する。「覚者の眼には、リアリティ（水＝無分節）の自己分節は、自らを一瞬『水』へと分節し、次の瞬間、本来の無分節の状態へと戻ってゆくというように映る」（*ibid.*, p. 141）。

同じことは、別の場面で、次のようにも語られる。「電光のごとく迅速な、無分節と分節との間のこの次元転換。それが不断に繰り返されていく。繰り返しではあるが、そのたびごとに新しい。これが存在というものだ。少なくとも分節（II）の観点に立って見た存在の真相（＝深層）はこのようにダイナミックなものである」（『意識と本質』VII、一七六頁、「分節（II）の観点」は「覚者の眼」）。

つまり、無分節の自己分節は、無分節と分節との次元転換として成り立っている。水（無分節）は自らを一瞬「水」へと分節し、次の瞬間、本来の無分節の状態へと戻ってゆく。それが不断に繰り返され、しかもそのたびごとに新しい（華厳で言えば、「事」と「理」が次元転換し合うという意味で「理事無礙」である）。

道元は、「真の実在（リアリティ）」をそうしたダイナミックな出来事と見た。自由に自己分節し続ける姿。絶えず止むことなく自らを具体的な形へと自己分節し続ける。しかし重要なのは、この自己分節が、同時に無化されるという点である。リアリティはたえず自己分節しつつ、同時にその自己分節の作用をそのつど無化し続けている。そこで覚者の眼には、万物は無分節のままとしても見える。原初の無分節を保ったまま永遠に静寂であるかのようにも見える（井筒は、「無分節を静寂とだけ理解してはならない」と何度も強調している。「絶対無分節は自己分節するからこそ絶対無分節なのである。分節に向ってダイナミックに動いていかない無分節はただの無であり、一つの死物にすぎない」『意識と本質』Ⅶ、一六三頁）。

自己分節は同時に無化される。実在の真相は、無分節が自らを自己分節し続けると同時に、その自己分節の作用を無化し続ける出来事である。道元はそう説いたというのである。

水の遍在

第二は、「水が遍在する」という点である。道元自身の言葉で言えば、「水のいたらざるところあるといふは、小乗声聞教《しょうじょうしょうもんきょう》なり。あるひは外道《げどう》の邪教なり。水は火焔《かえん》裏にもいたるなり。心念《しんねん》思量分別《しりょうふんべつ》裏にもいたるなり覚知《かくち》仏性《ぶっしょう》裏にもいたるなり」（「山水経」一九五―一九六頁）。

「水の至らない所」などありえない。水は火の中にも、精神作用の中にも、悟りの中にもある。井筒は、「水の遍在 the ubiquitous presence of water」と説明する（*ibid.*, p. 138）。水は、いたるところに、あらゆる姿を取って存在している。ということは、全存在が水。全宇宙が水（華厳で言えば、「理事無礙」。個々の「事」がそのまま「理」である）。

> 無分節者（非水）が全体的に、すなわちその全エネルギーを挙げて、自己を水として分節する。無分節者がそっくりそのまま、「本質」を介入させずに顕露するのだから、全存在がいわば水である。全宇宙、すなわち水。
>
> （『意識と本質』Ⅶ、一八一頁）

ここで重要なのは、「無分節者（非水）」という表現である。覚者にとってはごく普通の水も無分節そのものである。無分節がそのまま「水」。水であるが、しかし分節された水ではないから、井筒は「非水」という。

この「非水」という用例は、他には登場しないのだが、私たちに貴重な手がかりを提供する。無分節である「水」は、水として分節されているわけではないから「非水」である。その非水が自らを水へと分節する、ということは、「非水」とは「未だ水へと自己を分節する前の水」ということになる。

「水の遍在」とは「非水」が遍在するということである。「非水」は水にも山にも鳥にもなりうる。「非水（未だ水へと自己を分節する前の水）」は、自己を、水へと分節することも、山へと分節することも、花へと分節することもできる。したがって、非水（無分節）が遍在する。

しかしここでも、「分節」という言葉が重要な役割を担っている。「分節」と「分割」とはまったく異なるというのである（図を参照）。

「分割」は、無分節エネルギーを部分に区切り、各部分がそれぞれ独立した花になり、鳥になること。それに対して「分節」は、無分節のエネルギーが全体を挙げて花となると同時に、無分節のエネルギーが全体を挙げて鳥となる。エネルギーの一部分が花になり、別の部分が鳥になるのではない。そのつど、「全体を挙げて」姿を顕す。全エネルギーを挙げて、花として分節し、鳥として

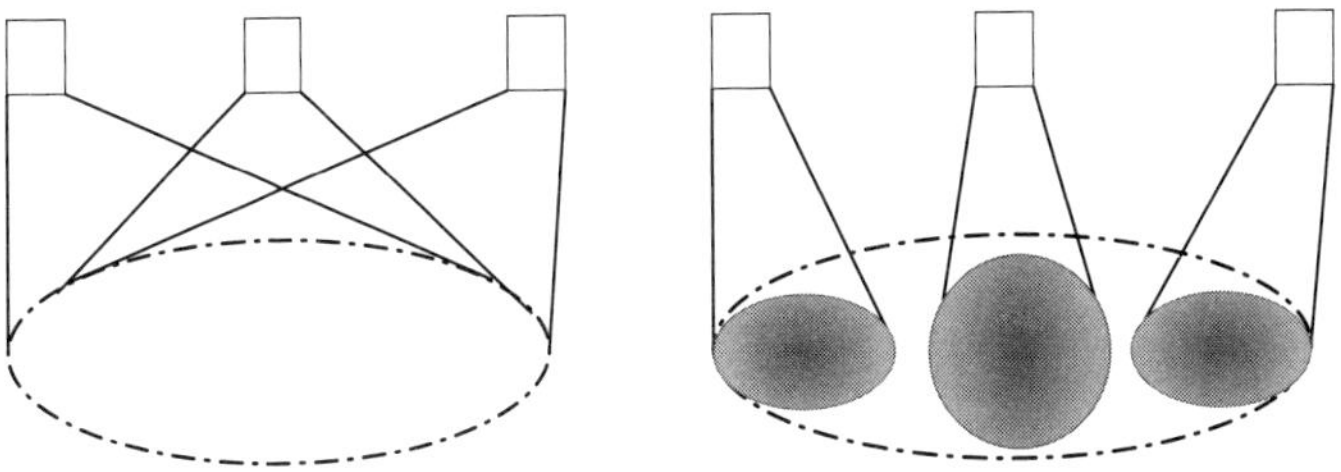

自己分節
（無分節の直接・無媒介的・自己分節）
無分節エネルギーが、そのつど、
全体を挙げて、事物を構成する

分割
無分節が部分に分かれ、
各部分が独立する

分節する。何らの媒介もなく、直接に、自らを顕す（華厳が「性起」と呼ぶ事態である）。

したがって「水の遍在」とは、存在論的に言えば、「無分節の遍在」ということである。「非水（未だ水へと自己を分節する前の水）」、すなわち無分節が遍在する。「水（無分節）」が、全体を挙げて、直接に、万物の内に、自らを顕している。むしろ無分節が自己分節することによって、すべての物が成り立っている。そのことを道元は、「水（無分節）が遍在する」と解き明かしたことになる。

一切諸法、畢竟、解脱

こうして無分節が遍在する。むしろ万物は、無分節が自己分節することによって（個々の事物へと姿を取ることによって）成り立つ。井筒によれば、道元はその事態を「一切諸法、畢《ひっ》竟《きょう》、解脱」と言い当てる。

「一切諸法、畢竟、解脱（この世のすべての事物はそのままにして仏そのものである）」とは、存在論的には、この世のすべての事物がそのままにして無分節そのものであることを意味する。すべての法（分節）はそのままにして解脱（無分節）。つまり「一切分節、畢竟、無分節」である（華厳で言えば、「一切の分節（事）は、そのまま、無分節（理）」。「理事無礙」である）。

しかし、分節がない（区切りがない）わけではない。分節は分節として成り立っている。先に見たように、「解脱にして繫縛《けいばく》なしといえども、諸法住位せり《しょほうじゅうい》」。万物は、解脱し（区切りがなく）、繫縛なし（本質に縛られない）としても、しかし「諸法（それぞれの事物）」は「住位せり（それぞれ独立して）」存在している。水は水として存在し、山は山として存在し、それぞれ分節されている。分節されているが、しかし本質に縛られない。それが存在論的に理解された「一切諸法、畢竟、解脱」の意味ということになる（華厳で言えば、「事」と「事」は分節されているが、しかし互いに透明で、礙《さまた》げ合わない。「事事無礙」ということである）。

5　鳥のごとし

ところで井筒は、『意識と本質』の中で、道元の「鳥のごとし」という言葉にたびたび言及している。「水清くして地に徹す、魚行きて魚に似たり。空闊《ひろ》くして天に透る、鳥飛んで鳥のごとし」（「坐禅箴」『正法眼蔵』（二）岩波文庫、二五一頁）。

覚者の眼には、鳥と花はそれぞれ区別されつつ、しかし鳥も透明、花も透明。「すべての事物は互いに区別されつつも、しかも『本質』的に固定されず、互いに透明である。『花』は『花』でありながら『鳥』に融入し、『鳥』は『鳥』でありながら『花』に融入する」（華厳が「縁起」と呼ぶ事態。「事事無礙」である）（『意識と本質』VI、一二二頁）。

「鳥が鳥である、のではなくて、鳥のごとし、という。しかもその『鳥のごとし』が無限に遠く空を飛ぶ。鳥としての『本質』が措定されていないからである。この鳥は鳥という『本質』に縛られていない」（同、一二二頁）。

鳥は鳥として分節され、魚は魚として分節され、相互に区別されながら、しかしこの魚と鳥との間には、「不思議な存在相通があり、存在融和がある。つまり、分節されているのに、その分節線が全然働いていないのだ、まるで分節されていないかのように」（同、一七六頁）。

つまり、分節されている「に似たり」。分節されている「かのごとし」。道元は、存在の究極的な真相をそのように理解していたというのである。

＊「に似たり」「のごとし」について、氣多は異議を唱える。「鳥」という存在分節を継承する必要があるか。覚者は「無分節」を体験した。そして意識の深層における「浮動性の生成的ゆれ」を凝結させずにそのまま保持する。そうした分節の在り方が「に似たり」「のごとし」であるならば、必ずしも「鳥」を継承する必要はなく、「別の何かが現れてもよいのではないか」というのである（氣多 2018、一五二頁）。

これは井筒が、「シャマンの意識」として語った問題である（本書第五章）。シャマンは、深層意識のイマージュを、「そのままただちに外界の存在現象と同一視してしまう」危険を持つ（『意識と本質』X、二三六頁）。井筒は、それを「混同」と呼ぶ。それに対して、賢者の「二重の見」はこうした混同を起こさない。それがそのまま経験的事物であるとは考えないというのである。したがって、「別の何かが現われてもよい」が、それをそのまま経験的事物であると見るのは「混同」である。井筒はそうした混同の危険を「シャマンの意識」には見たが、賢者の「二重の見」には認めなかった。その意味で、道元に即して言えば、覚者の眼は、経験的世界の鳥を見ながら、それを「別の何か」と見ることはしない。鳥を見ている限り、やはり「鳥のごとし」ということになる。

重要なのは、無分節がそのまま存在の真相であるわけではないという点である。むろん「分節」によって「究極の現実」を捉えることはできない。しかし「無分節」によっても捉えることはできない。そうではなくて、道元は、無分節でありながら、しかし分節されている「かのごとし」という姿に、存在の真相を見た。何の区切りもない無分節ではないが、本質に縛られ、固く閉じた区切りでもない。区切りがあるのだが、まるで区切りがないかのように透明である。相互に無礙であるのだが、分節されている「に似たり」。分節されている「かのごとし」。

この事態を井筒は（読者の理解を助けるために）、覚者の眼を借りて「二重写し」と説明する。分節と無分節との「二重写し」。存在の真相を見るに至った覚者の眼は、分節と無分節とを二重写しに見ている。

「分節されたもの（例えば花）が、その場で無分節に帰入し、また次の瞬間に無分節のエネルギーが全体を挙げて花を分節し出す。この存在の次元転換は瞬間的出来事であるゆえに、現実には無分節と分節とが二重写しに重なって見える。それがすなわち『花のごとし』といわれるものなのである」（『意識と本質』VII、一七七頁）。

花・鳥・魚はそれぞれ分節され、独立して存在している。ところが存在の真相を見るに至った覚者の眼には、それらの「分節されたもの」が、一瞬のうちに、区切りのない無分節の中に溶けてしまう。しかし次の瞬間に、その無分節のエネルギーが全体を挙げて花となる。無分節が自らを花として自己分節する（華厳で言えば、「縁起」は「性起」によって成り立つ。「事事無礙」は「理事無礙」を基礎とする）。

6 「水、水を見る」の位相――「理理無礙」へ

さて、既に何度も触れてきたとおり、井筒の道元理解は、華厳哲学の「四法界」と重なる。では、「水、水を見る」の位相は華厳哲学で言えば、どういうことになるか。

まず「水の遍在」は、「理事無礙」に対応した。「水（非水＝無分節）」が、全体を挙げて、直接に、

万物の中に、自らを顕していている。無分節が自己分節することによって個々の事物が成り立つ。華厳で言えば、「性起《しょうき》」によって「事」が成り立つ。「理」が「事」へと性起し、「理」と「事」は無礙である。

他方、「鳥のごとし」は「事事無礙」に対応した。「事」と「事」は相互に区別されながら、しかし区切りがないかのように、互いに透明である。互いに礙《さまたげ》がない。

では、「水、水を見る」はどうか。「水(1)」が「水(2)」を見る。「水(1)」は「非水」であるから「事」ではありえない。「水(1)」は「いまだ水へと自己を分節する前」であり、「無分節」と言い換えられていたから、むしろ「理」に対応する。

問題は「水(2)」である。井筒は、この「水(2)」を「分節された水」と理解する場合が多い。「水(2)」が「事」であるならば、「水、水を見る」は「理事無礙」に対応する。ところが他方で井筒は、この「水(2)」を単純には「分節された水」と等値しなかった。むしろ「水が、自身を見る」ということは、自らと異なる「分節された水」を見るのではない。「水が、自分自身を見る」。とすれば、この事態は、「水（無分節）」自身の中で、自己分節が始まりかけている出来事ではないか。「分節しながら分節しない」とも語られた自己分節の、初発の、繊細な位相。それは華厳で言えば、「理」と「理」との関係ではないか。

井筒が、イスラーム哲学に依拠しながら語った「理理無礙《りりむげ》」に近い出来事。「理」と「事」との関係ではない。それ以前の、「理」と「理」との関係。

井筒はイスラーム哲学（イブン・アラビーの「存在一性論」、本書二〇〇頁）に即して、「理理無礙」の位相を語った。「理」が「事」になる「性起」以前に、構造的に先行する仕方で、「神自体の内部で」、自己顕現が生じている。つまり「理」の中で既に生じていた「（第一次）性起」。華厳哲学で言えば、「理」の内に、「無分節的な理」と「分節的な理」という二つのレベルが想定され、前者から後者が自己分節的に現成する。しかし、前者と後者は相互に無礙であるから「理理無礙」という。

「水、水を見る」は「理理無礙」の位相の出来事ではないか。井筒はそれを見通しながら、道元を読み解いていたのではないか。

「水が、自分自身へと、分節する」。「無分節的な理」の中に「分節的な理」が生じる。あるいは事後的に言えば、分節的な「事」が生じる以前の、無分節の中に「事」への萌芽が芽生える最初の出来事。その繊細な位相が「水、水を見る」と語られた出来事の位相であったように思われるのである。

第四章　「二重の見」——東洋哲学の基本構造

『意識と本質』は東洋哲学の「共時的構造化」を目指した。その基本構造のひとつを本書は「二重の見」と見る。東洋の伝統的思想はそれぞれ独自の仕方で「二重の見」を語った。まず「華厳哲学」の「理事無礙」「事事無礙」を見る。次に『大乗起信論』の真如の「双面性」を見る。そしてもうひとつ、井筒の著作『スーフィズムと老荘思想』を見る（本書第八章4）。それぞれの思想が、それぞれの仕方で、特殊な「二重性」を語った。日常的な論理から見たら相容れない矛盾した二側面。それが特殊な仕方で両立する。そしてそれを「相容れない」と見る日常的な論理を問い直す。いかなる前提があるから、それを「相容れない」と見るのか。東洋の伝統的思想はその前提から離れようとする。正確には、〈その前提をもって〉見ることと、〈その前提なしに〉見ることとを二つながら同時に機能させようとする。

第一節　華厳思想における「二重の見」――理事無礙と事事無礙

1　「四法界」――華厳哲学の基礎用語

華厳哲学は「存在の仕方」を四通りに分けた。その「四法界《しほっかい》」を井筒は「意識」と関連させて解き明かした。意識の深まりに応じて、実在が、四通りの異なる姿をもって現われるというのである（Izutsu, 2008, vol. II, p. 175）。

一、「事法界」は「分節」意識に現われる世界である。個々の「事物」は明確な境界線によって分けられ、本質によって固定され、他と混同されることを拒否する。そのような境界線によって明確に区別された「事物」を、華厳は「事」と呼ぶ（「分節態」である）。

ところが、華厳はこの「境界線」を「取りはずして」事物を見る。華厳だけではない。井筒によれば、広く東洋の伝統は「境界線」を取りはずして見ることができる。「それが東洋的思惟形態の一つの重要な特徴」である。そこに「理」が登場する。

二、「理法界」は「無分節」意識に現われる世界。あらゆる分節が消え、あらゆる事物相互の差別が消え去った「無分節」の世界である。

ところが井筒によれば、「東洋的哲人の場合」、そこで終わることなく、またもとの差別の世界に戻ってくる。つまり「一度はずした枠をまたはめ直してみる」。この「はずして見る、はめて見る」という「二重の見」を通じて、実在の真相が初めて明らかになると考えるのである。

井筒は、「特殊な二重性を秘めた気づき」についてこう語る。

> この二重操作的「見」の存在論的「自由」こそ、東洋の哲人たちをして、真に東洋的たらしめるもの（少なくともその一つ）であります。
>
> （「事事無礙・理理無礙——存在解体のあと」『コスモスとアンチコスモス』一三二頁）

しかし、すぐに注意を促す。実は二重操作といっても、これら二つの操作が二つの段階に分かれて実行されるわけではない。「完成した東洋的哲人にあっては、両方が同時に起こるのでなければならないのです。境界線をはずして見る、それからまた、はめて見る、のではなくて、はずして見ながらはめて見る、はめて見ながらはずして見る」（同、一三二頁）。

二段階ではない。同時である。「はずして見る」ことと「はめて見る」こととが同時に生じる。〈区切りがない〉と〈区切りがある〉とを同時に見る。この出来事を華厳は「理事無礙」と呼ぶ。
三、「理事無礙法界」は、境界線のない「理」と境界線のある「事」とが、互いに「礙《さまた》げ合わない（無礙である）」。英語版は interpenetration という（the interpenetration of li and shin）。「理」の側から言い換えれば、「理（無分節）」が「事（分節）」として顕現する。華厳は「性起《しょうき》」と呼ぶ。一方が他方を回収するのではない。「理」と「事」とは異なるのだが、互いに礙げ合わない。「事」の内に「理」を見る。「二重の見」に映った世界である（分節と無分節とが同時現成する）。

四、「事事無礙法界」は、今度は、「事」と「事」との関係である。華厳は「縁起」と呼ぶ。「理事無礙」を見抜いた賢者の眼には、「事」と「事」との関係が、いわば立体的に映る。「事」と「事」とは互いに区別されるが、しかし、深いところでつながっている。というより、すべての「事」は、同じ「理」の異なる顕れである。「事」と「事」との関係は、この位相においては、「理の顕れである事」と「理の顕れである事」との関係ということになる。

井筒は、「性起」と「縁起」との関係について、「同じ一つの存在論的事態を、性起は『理事無礙』的側面から、縁起は『事事無礙』的側面から眺めるというだけの違い」と語る（同、一五六頁）。すべてのものが、「そのつど同時に生じる（性起する）」。そうした事態における「もの」と「もの」との特殊な関係を「縁起」と呼ぶ（本書八九頁）。

＊ 華厳哲学に関する議論は、既に何度か試みたことがある（西平 2015, 2019, 2021 予定など）。

2 「事事無礙」——挙体性起の出来事

さて、「事事無礙」における「事」は「理」の顕れであった。「事」と「事」との間に区別はあるのだが、どちらも「理」が顕れ出た姿である。離れているわけではない。

そこで「事」と「事」とは特別な関係になる。「区別がない」わけではないのだが、相互に排他的になることはない。相互に流動的である。あるいは、相互に変容し合う途上にある。

すべて「理事無礙」を前提とした話である。「事事無礙」における「事」が、実はすべて「理」の顕れであるから、こうしたことが可能になる。

では、あらためて、「理事無礙」とはどういうことか。井筒は「理」の特殊な「顕れ方（性起）」を「挙体性起《きょたいしょうき》」と説明する。「理」が分割されて、別々の「事」になるのではない。世界の事物は、それぞれが、個々そのままで、「理」の全体的な顕れである。個々の事物は、それぞれ、「理」の全体と直接的に結びついている（本書七一頁）。

正確には、「理」が自らを分節した結果、「事」となる。あるいは、「理」が自らを変容させることによって、「事」となる。

繰り返すが、「理」が分割されるのではない。「理」が自らを多くの部分へと分割し、その一部がひとつの「事」になるのではない。「理」は常に全体として顕れる。ひとつの「事」は、常に「理」

全体の顕れである。別の「事」も、常に「理」全体の顕れである。

　井筒は、「無分節者の全体を挙げての自己分節」と説明する。「事物の一つ一つが、それぞれ無分節者の全体を挙げての自己分節なのである。『無』の全体がそのまま花となり鳥となる」（『意識と本質』Ⅶ、一七五頁）。

　「理（無分節）」は全体を挙げて「性起」する。「事」の中に「理の全体」がそっくりそのまま体現する。個々の「事」が、そのつど「理」の存在エネルギーの全投入である。井筒は、「理の直接無媒介的自己分節」と呼ぶ。そこで、「事」と「理」とは区別されるが、互いに「無礙」となる。

　こうして華厳は、一方では「事法界」と「理法界」とを区別し、他方では「理」が何らの媒介もなく直接的に「事」になるという。個々の「事」の中に、「理」の全体がそのつど顕れる。

　では、「理」が「事」の中に「内在」するのか。華厳によれば、「理」は「事」の中に閉じ込められているわけではない。「理」は「事」の「外」に在る。むしろ「理」は全体に遍在する。しかし他方で、「理」は、個々の「事」の「内」に顕れる。「理」は「事」の外に独立してあるわけではない。

　つまり、華厳によれば、「理」は、「事」の外に遍在すると同時に、「事」の内に内在する。或る時は「外」、或る時は「内」という意味ではない。「理」は「事」として顕れながら、同時に、「事」の内に閉じ込められることなく、遍在する。

　なぜ、それが可能か。井筒によれば、「事」が「本質」を持たないためである。「事」は「実体」

ではない。「実体」として固定されない（「事」は「空」である）。

同時に、「理」も「実体」ではない（「理」も「空」である）。「理」が顕れるとしても、顕れる前に「理」が独立して存在しているわけではない。「理」は「性起」の出来事としてのみ顕れる。しかも「顕れ出た」ままの状態ではない。そのつど「顕れる」という出来事である。「理」が「挙体性起」するのではなく、むしろ「挙体性起」という出来事が「理」であったことになる。

そうした「理事無礙」の上に成り立つ「事」と「事」との関係が「事事無礙」である。「事」と「事」は、共に「理」の顕れである。「理」の「直接無媒介的自己分節」である。

「理」は、そのつど顕れる。そのつど全体を挙げて自己を分節する。「事」の側から言えば、そのつど瞬間ごとに生成する。しかも他の「事」と関連しながら生成する。すべての「事」と関連し合いながら、そのつど、生成してゆく。

すべての「事」が「同時に simultaneous」、すべての「事」と「関連し合いながら interdependent」、「生じてくる出来事 emergence」。しかもその「出来事」が同時に、「事」という「存在 existence」である。それ以前に「事」という存在が（実体として）存在することはない。「事」はそうした出来事としてのみ存在する。

すべての事物が相互に関係し合いながら瞬間ごとに生成する。その出来事がこの世界の真相であると、華厳は説くのである。

3　無自性・性起・縁起

井筒が「実体」や「本質」という西洋哲学の用語を使う時、その念頭には伝統的な仏教用語、「自性」があった。むしろ「自性」を「本質」と読み直すことによって、異なる多様な思想を「共時的に構造化する」ことを試みたことになる。

確認したように、「理事無礙」と「事事無礙」における「事」には、「自性」がない。無自性である。区別（分節）は戻るが、自性（本質）は戻らない。AとBは区別されるが、AもBも本質に縛られない。「Aは無『自性』的にAであり、Bは無『自性』的にBであり、同時に他の一切のものが、それぞれ無『自性』的にそのものである」（「事事無礙」『コスモスとアンチコスモス』四六頁）。

すべてのものが、無自性であるから相互の間に差異がない。すべてつながっている。すべてのものが、全体的関連においてのみ存在する。AがAだけで存在することはできない。BもBだけで存在することはできない。

すべてがすべてと関連し合う、そういう全体的関連性の網が先ずあって、その関係的全体構造のなかで、はじめてAはAであり、BはBであり、AとBとは個的に関係し合うということが起る。（同）

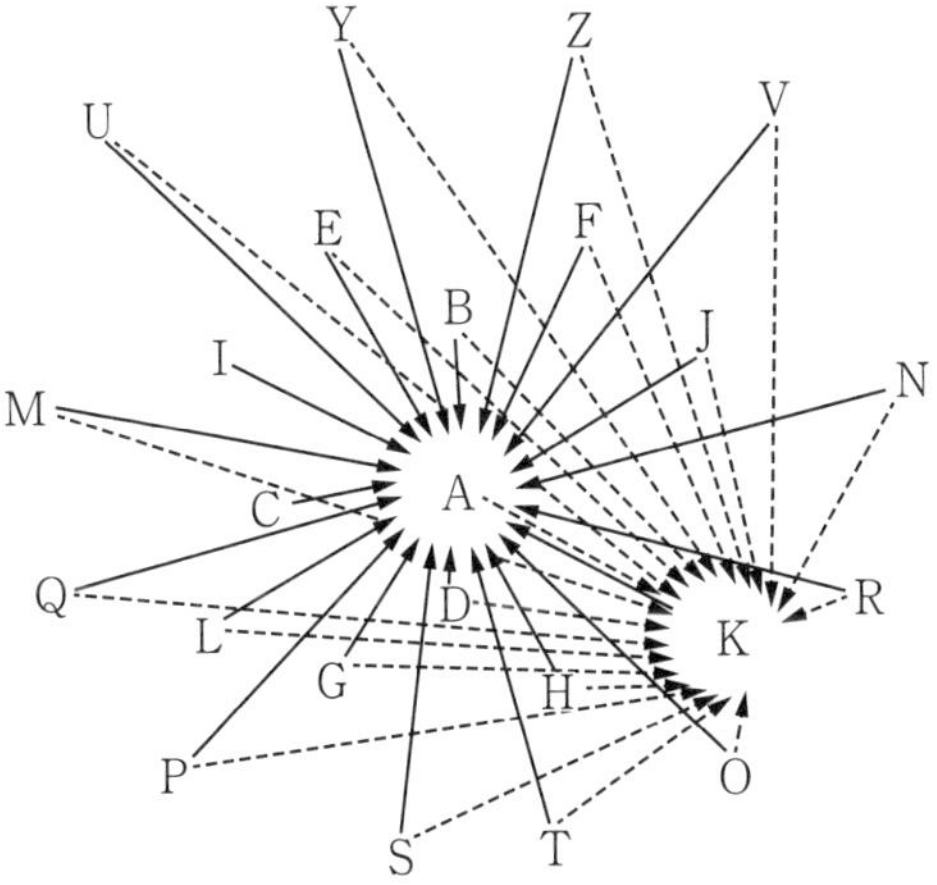

全体的関連性の網（ネクサス）（井筒1989, 48頁）

このとき、井筒は、読者の理解を助けるために、個々の「事」の発生プロセスを語る。最初はまだ「事」がない。流動する存在エネルギーの錯綜する方向線だけがある。そのうちにその方向線の交叉点に「仮の結び目」ができる、それが個々の事物（ABCD……）である。したがって、個々の事物の内部構造には、それ自体において「全体的関連性の網（ネクサス）the nexus of ontological relations」が集約されている。

＊「全体的関連性の網（ネクサス）」は、英語版では a tightly structured nexus of multifariously and manifoldly interrelated ontological events. あるいは「縁起」の原語（プラティートヤ・サムットパーダ）に立ち戻って this dynamic, simultaneous and interdependent emergence and existence of all things とも説明される（Izutsu, 2008, vol. II, p. 178)。

＊ 井筒はこの「図」が「いわば共時的（サンクロニック）な構造」であって、「ある一瞬」を捉えた図式化に過ぎないという。つまり「通時的（ディアクロニック）な構造」を補ってみる必要がある。するとこの図は一挙に流体化する。すべてがすべてと関わり合う連動性が、時々刻々とその構造を変えてゆく。というより話は逆であって、そもそもそうした（図式化には馴染まない）流動的な連動性を、井筒は「ある一瞬」に区切って図式化してみせたということである。

「理」が「事」として顕れる出来事（理の自己分節）を、井筒は次のように解き明かす。

「『理』が『事』に自己分節するというのは、物が突然そこに出現することではなくて、第一次的には、無数の存在エネルギーの遊動的方向線が現われて、そこに複雑な相互関連の網が成立することだったのです」（同、一五二―一五四頁）。

相互関連の網（ネクサス）の交点に個物が成立する。というより、個物の内的構造の中に「他の一切のものが、隠れた形で、残りなく含まれている」。

「ある一物の現起は、すなわち、一切万法の現起。ある特定のものが、それだけで個的に現起するということは、絶対にあり得ない。常にすべての物が、同時に、全体的に現起する」（同、一五五頁）。

華厳はこうした関係性を「縁起」と呼んだ。

「性起」と「縁起」との関係

では、「性起」と「縁起」はどういう関係にあるのか。言い換えれば、「理事無礙」における「事」と「事事無礙」における「事」とは何が違うのか。

井筒は違いを強調するより、両者を異なる視点から見た同一事態と説いた。「同じ一つの存在論的事態を、『性起』は『理事無礙』的側面から、『縁起』は『事事無礙』的側面から、眺めるというだけの違いです」（前出・本書八二頁）。

しかし、両者はやはり違う。「理事無礙」における「事」は、「理」によって媒介されるという点が強調されるため、独立が弱い。極論すれば、この場合の「事」は「理」の分身として、「事」と「事」との間には調和が予定されている。

それに対して、「事事無礙」の「事」は、独立が強調される。「事」は「理」の分身ではない。あるいは「理」の自己限定として相互に調和するだけではない。「事事無礙」の「事」は、それぞれ独立し互いに争う。「奪い合う」こともある。

華厳は「事」と「事」との関係を、融入・調和と見ると同時に、対立・闘争とも見た。一方では、深いつながりを見る。互いに融入し合っている。むしろ、「全体的関連性の網（ネクサス）」がまずあって、そのつながりの「仮の結び目」に個々の「事」が生じたのであれば、そもそも「事」の内部構造の中に、既に他の「事」とのつながりが含まれている。

にもかかわらず、他方で「事」は「事」と争う。相互否定的に奪い合う。喰うか喰われるか（「全有力」か「全無力」か）、「事」と「事」とが熾烈に争い合う。華厳第三祖・法蔵は、前者を「同体」と呼び、後者を「異体」と名づけ、二つの異なる論理として解き明かした（西平2021予定）。

むろん華厳の思想はさらに先を細かく語るのだが、ここで確認しておきたいのは、禅師のモデルとの関係である。禅師の語りにおける「第三段階」は「事事無礙」の世界であり、しかもその「融入」の側面が強調されていた。

山（分節）と川（分節）とは区別されるが、しかし山も川も無自性である。実体を持たず、本質に縛られず、自性に繋縛されない。なぜなら、山も川も「理（無分節）」の直接的な顕れであるから。「理」が直接無媒介的に山となり、同じく直接無媒介的に川となっているのであるから、いわば根底ではすべて「理」とつながり、各分節が固定されてしまうことなく、それぞれ流動的である。

禅師の語りにおける「第三段階」は、華厳哲学で言えば、「理事無礙」を前提にした「事事無礙」の世界であったと理解されるのである。

第二節　『大乗起信論』における真如の双面性

1　離言真如と依言真如

華厳が「理事無礙」と呼んだ出来事について、既に『起信論』が詳細に解きほぐしていた。歴史の順序として言えば、『起信論』の詳細な分析が先にあり、それを華厳の思想家たちが「理事無礙」と捉え直し、さらに「事事無礙」を設定することによって問題を整理したことになる。そして禅師は、そうした歴史的な蓄積を踏まえた上で、最後の「事事無礙」の境地だけを、一挙に語ってみせたことになる（本書第一章）。

では、『起信論』は何を語ったのか。「理事無礙」の出来事は、『起信論』では「真如の双面性（二重性）」と語られる。『起信論』によれば、「真如」には二面性がある、あるいは、二層構造がある。

例えば、言葉と真如との関係で言えば、一方には、言葉を超越した（分節を拒否した）真如があり、他方には、言葉において語られる（分節された）真如がある。慣例に倣い、前者を「離言真如《りごんしんにょ》」、後者を「依言真如《いごんしんにょ》」と呼ぶ。「離言真如」が「言」から離れた（コトバを超えた・無分節態の）真如であるのに対して、「依言真如」は「言」に依拠した（コトバで語られる・分節態の）真如である。

＊ 正確には『起信論』には「離言」「依言」の術語は登場しない。『起信論』は前者を「言説の相を離れ」と語り、後者を「言説に依って分別すれば」と語るのみである。しかし法蔵の『義記』を始め、多くの註解書、現代語訳（例えば、岩波文庫版）、そして井筒もこの術語を使う。

重要なのは、離言真如だけが真如なのではない、という点である。井筒の表現を借りれば、「真如の真相を把握するためには、我々は『離言』『依言』両側面を、いわば両睨みにし、双方を同時に一つの全体として見なければならない」（『意識の形而上学』四六頁）。では、「双方を同時に一つの全体として見る」とはどういうことか。まさに「分節と無分節との同時現成」の出来事である。

確かに、真如は、それ自体としては、言葉以前（無分節）である。しかし現実の言葉の世界（分節的世界）と無関係ではない。それどころか、分節的世界は、「真如」自身が自己を分節した姿である。言葉以前の真如が、言葉の区切りに従って、「名」をもって現実世界の中に顕れ出てくる。その出来事を井筒は「無分節の自己分節」と呼ぶ。

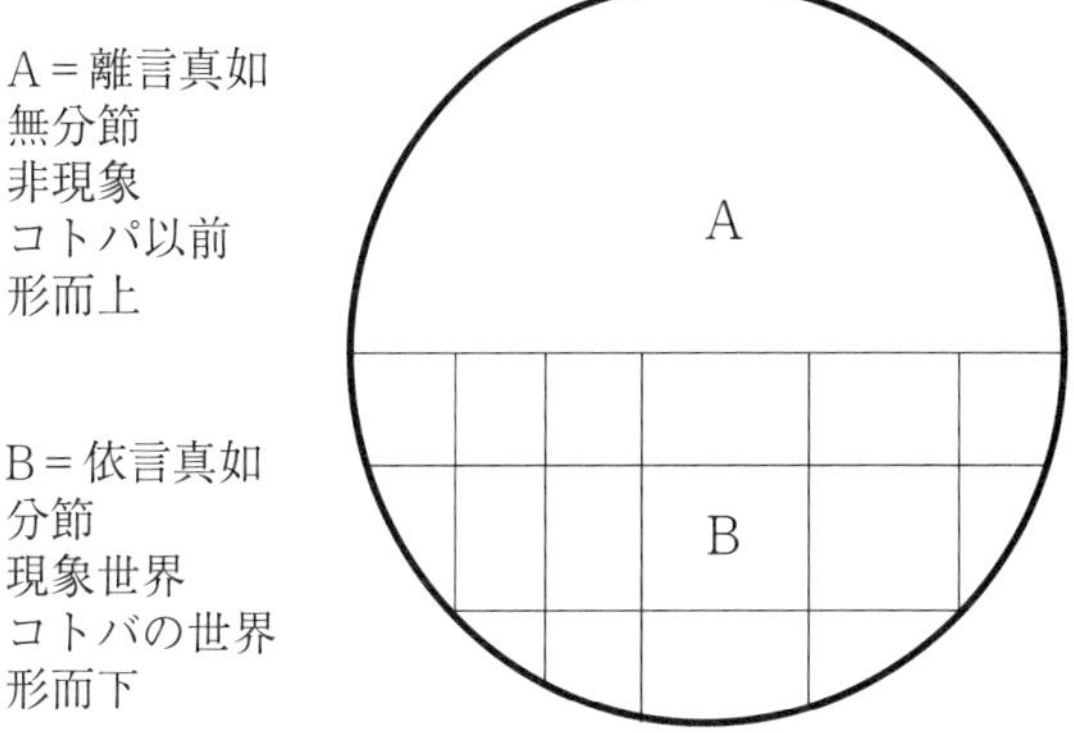

真如の双面性（離言真如と依言真如）（井筒 1993, 49頁）

2　一に非ず、異に非ず

しかし、話は単純ではない。『起信論』は、ある時は「A（無分節）」のみを真如と認め、「B（分節）」は「妄想」の所産に過ぎないと言う（以後、α理解と呼ぶ）。

ところが、別の場面では、Bも「真如」と認める。正確には、現象世界Bを無分節Aの自己分節した姿と理解し、AとBの双面的な全体こそ「全一的真実在としての真如」であると見る。そのように覚知するなら、Bは妄念の所産ではなく、現象世界における真実在そのものである（以後、β理解と呼ぶ）。

まず、「現象世界（B）」の問題として言えば、「現象世界」が二重の意味を持つということである。ひとつは〈妄想の所産〉に過ぎないという貶められた意味（α理解）、もうひとつは〈真如そのものの顕れ〉という貴く高められた意味（β理解）。

同じことを今度は「真如」の問題として言い換えれば、真如は、一方において、いかなる名によっても捉えることができない絶対の無分節である。一切の分節を拒否し、顕現しない（非現象態）。にもかかわらず、他方で真如は、自らを分節する仕方で現象世界の中に分節態として現われている（現象態）。

井筒が注目するのはこうした双面性である。真如の現象態と非現象態とが「対立」すると同時に「両立」する。『起信論』は、一方では、この対立を際立たせ、真如を完全な「非現象態」として、「妄念の所産」である現象世界から峻別し（α理解）、他方では、その対立を解消してしまい、現象態（B）の内に非現象態（A）を見る。つまり現象態（B）を非現象態（A）の顕在化した姿と見ることによって、両者を重ね合わせ、その双面的な全体こそが真如であると説く（β理解）。

＊　後者の（Bも真如と認める）真如理解を、『起信論』は「如来蔵」と呼ぶ（『大乗起信論』岩波文庫、二九頁）。衆生（現実世界）が「仏となる潜在能力」を持ち、衆生がそのまま真如の顕れである。「α理解」と「β理解」は二つの異なる理解であるにもかかわらず、両面が、互いに矛盾し合いながら結びついている。「一に非ず、異に非ず」。合致するわけではないが、別々でもない。

井筒はこうした「双面性」を、達人の眼を借りて説明する。現象態と非現象態との双面的な全体を見通すことのできる達人。事の真相を「非同非異」として、そのまま「同時に見通すことのできる人、そういう超越的綜観的覚識を持つ人こそ、『起信論』の理想とする完璧な知の達人（いわゆる「悟達の人」なのである）」（『意識の形而上学』一七―一八頁）。

＊ こうした真如の双面性を、鈴木大拙は「真如」の「自己肯定」の二様式と説明する。前者（α理解）では真如がBを排除して自己を肯定する。それに対して後者（β理解）はBも含めて肯定する。「真如が自分を肯定した時、それは、自己を否定することによって自己を肯定したことになる affirmed itself, by negating itself」（Suzuki, 1907, p.117, 一〇三頁）。自己否定を介した自己肯定。こうした大拙の理解が西田に影響を与えた、あるいは、こうした理解こそ若き二人に共有されていたことになる。（西平 2021 予定）

ところで（当然ながら）『起信論』は、「分節」「無分節」などとは語らない。『起信論』はあくまで「覚（悟り）」と「不覚（迷い）」を説く。「不覚」にある私たちが、自らの「不覚」に気づき、「覚」を求めるプロセス。不覚を離れ、信を起こす、それが『起信論』の宗教的メッセージである。

しかし「覚」に至るとは、「不覚」から離れることではない。むしろ「不覚」が実はそのままにして「覚」であったと気がつくこと。「覚は、覚でありながら、現実には不覚としての姿を取って働く」と知ることである（同、一五七頁）。

つまり、「不覚（分節）」から「覚（無分節）」へと向かうのだが、「覚（無分節）」に至ってみれば、実は「覚（無分節）」がそのまま「不覚（分節）」として姿を取っていたことを知る。「不覚（分節）」は単なる「迷い」ではなかった。むしろ「不覚（分節）」がそのままにして「覚（無分節）」の顕れであったことになる。

3　絶対無分節は自己顕現への志向性を持つ

あらためて『起信論』における「言（コトバ）」の問題に戻ってみる。『起信論』はその冒頭で、すべてのコトバを「仮名《けみょう》」と宣言した。ということは、『起信論』自身の語る言葉も「仮の名」に過ぎないということである（『起信論』「第三段、解釈分、第一章、顕示正義」）。

先に見た通り、『起信論』における「真如」は、究極的には「無分節」である。コトバによっては表現することができない。にもかかわらず、『起信論』はその境地を「真如」と語る。では、言語で表現できない境地を、なぜ「真如」という「言（コトバ）」で語るのか。それは、私たち凡人に解き明かすためである。「言（コトバ）」で示さないことには理解が進まないのであれば、仕方がない、言葉に置き換える。

しかし、「真如」と名づけたとたん、それは（他の一切から区別された）ひとつの「分節単位」となってしまう。ということは、その言葉が言い当てようとした本来の「絶対無分節（無差別性、無限定性、全一性）」を壊してしまう。したがって、「真如」という言葉はあくまで「仮の名」に留まらねばならない。そのように『起信論』は自己宣言するのである。

実は同じことが、井筒の用いた「無分節」という言葉にも当て嵌《あ》《は》まる。「無分節」という言葉が「分節」との間に境界をつくる（ひとつの分節単位として固定する）のであれば、「無分節」という言葉も「仮名」に留まらねばならない。「無分節」という言葉も、あくまで暫定的である（本書第二章3）。

ところが、ここで終わらないのが『起信論』である。『起信論』の極限的境位は、「言葉を超えた絶対無分節」であるのだが、しかしすぐに続けて井筒は、この言葉を超えた絶対無分節には、自己顕現への志向性が、本源的に内在しているという。『起信論』の説く「真如」は、「言葉を超えた絶対無分節」であるにもかかわらず、そこに留まることなく、言葉の内に顕れ出ようとする。

この時、重要なのは「言葉の内に顕れた分節」も真如であるという点である。「言葉を超えた無分節」だけが真如なのではない。真理は双面的である。言葉を超えた無分節だけが真如であり、そこから堕落して「言葉の内に入る」のではない。「言葉を超えた無分節」の真如と、「言葉の内に顕れた分節」の真如と、その両者をともに「真如」と語る。その意味において、真如は言葉の内に顕れ出ようとする。真如には「自己顕現への志向性」が内在しているというのである。

しかし、それは、「言葉を超えた真如」と「言葉となった真如」を同一視することではない。両者は違う。『起信論』は「真如」の超越性を手放さない。言葉の内に内在する、にもかかわらず、言葉を超越する。つまり、「言葉を超えた真如」と「言葉となった真如」を区別するが（非同）、切り離してしまわない（非異）。あるいは、対立させると同時に、両立させる。

先の華厳の言葉で言えば、「理事無礙」である。「理」が「事」となって顕れる。「理（言葉を超えた真理）」が「事（言葉となった真理）」となる関係。しかし、「理」が解消してしまうのではない。「理」は「理」として残る。「理」と「事」とは区別されるが、しかし、切り離れてしまわない。華厳もまた、その両者を対立させると同時に、両立させる。その特殊な双面性を、華厳は「無礙」と呼んだのである。

第三節　『スーフィズムと老荘思想』における「二重の見」――「一・即・多」の動的構造

『意識と本質』以前、井筒は英文による著作を何冊も発表していた。『スーフィズムと老荘思想』はその一冊である。意味論分析の展開として執筆されたこの比較哲学研究は、『意識と本質』以後の執筆スタイルとは異なるのだが、しかし「二重の見」という論点は共通する。『意識と本質』と『スーフィズムと老荘思想』が共通に浮き彫りにしてみせた東洋哲学の基本構造を、本書は「二重の見」に見る。

『スーフィズムと老荘思想』は、イスラーム神秘思想（スーフィズム）と老荘思想（タオイズム）という二つの異なる大きな思想体系を「比較」した大著である。両者に共通する基本構造を（意味論分析の手法を駆使することによって慎重に）析出して見せた（本書第八章4）。

井筒によれば、どちらの思想体系にも「完全な人間 the Perfect Man」が登場する。「賢者」、「聖人」、「真人」などと呼ばれる「修行（内的変容 the inner transformation）」の最終的な地平に至った者である。その地平に至るまでの変容プロセスと、その最終的な地平とを解き明かしつつ、井筒は、両者の基本構造を示した。

なお井筒は、スーフィズムについてはイブン・アラビーに代表させ、老荘思想については荘子に代表させるから、以下、イブン・アラビーと荘子の対比を見る。

1　「二重の見」の所在

『スーフィズムと老荘思想』第三部「結論」は、両者の対比を簡潔に語る。

まず、「こころの純化 purification of the Mind」が語られる（禅師モデルで言えば、「第一段階から第二段階へ」の変容）。イブン・アラビーは「自己滅却」と語り、荘子は「坐忘《ざぼう》 sitting in oblivion」と語る。

荘子は「斎戒すること the spiritual fasting」とも言い換える。一切の欲望から離れ、理性から離れる。理性と欲望を持った経験的主体としての自我を無化する。そうすることができれば、「宇宙的な自我 the Cosmic Ego」が現われる（禅師で言えば、「第三段階」への変容）。

こうした「純化」プロセスは、両者の場合とも「三段階」として語られるのだが、その区切り方が、微妙に異なる。

荘子の場合、一、対象世界の存在を忘れる。二、日常的な事物を意識から消去し、外の世界が完全に意識から姿を消す。三、自分自身の存在を忘れる。しかし、この第三の段階が二つに分かれる。まず、自我は解体され、外の世界も内の世界も意識から消え失せる（前半）。すると「内なる眼」が開かれ、突如、「照明 illumination」の光が現われる。「宇宙的な自我」である。すべての事物・

事象と一体となり、その一体を楽しむ（後半）。

他方、イブン・アラビーにおいては、神との関係における変化として語られる。一、人間としての「属性」を無化し、神の「属性」を身に付ける。二、神の本質と一体化し、完全に「自己滅却」する（荘子の第三段階の前半に対応する）。三、自我を回復する。以前の自我に戻るのではなく、「神の本質の真っただ中で」、自我を回復する。スーフィズムは「自己持続」と語る（荘子の第三段階の後半に対応する）。

井筒は、この最終段階の意識を「超－意識 supra-consciousness」と呼ぶ。そして、そこにおいては、すべての現象的事物が互いにつながりを持ちながら、神の生命の中に溶けてゆく事態を体験するという。華厳哲学の「縁起」の地平、正確には、「理事無礙」、「事事無礙」の地平に対応することになる。

なお、この「超－意識」という言葉は、固定された術語とはならなかったが、興味深い。自己滅却を経た後の「意識」。あるいは、以前の自我（禅師の第一段階）に戻るのではなく、「神の本質の真っただ中で」回復した自我である（禅師の第三段階）。そして、縁起の地平を体験する（観る）。とすれば、この「超－意識」は「二重の見」と同じ位置に置かれた用語である。

＊ エラノス講演「禅仏教における自我構造」The structure of Selfhood in Zen Buddhism (1969) の中にも、この supra-consciousness という言葉が出てくる（Izutsu, vol. II, 2008）。「下意識」や「深

層意識」と対比的な意味で「supra（上に）」と理解されるこの言葉は、「禅的意識のフィールド構造」の「フィールド」を上から包み込む視点である。同一地平において意識が拡大してゆくのではない。全体を上から包み込む意識であり、異なる次元の（メタレベルの）出来事である。しかし日本語で「超‐意識（上‐意識）」と用いられることはなかった。

ところで、井筒はこの箇所において興味深いコメントを残している。「純化」プロセスが「内側に向かう」という点である。なぜ「内側」が大切なのか。人の心は通常「外（外界の事物）」に向かう。それと反対に、自分自身の内側に向かうことによって初めて「純化」が可能になる。

では、「外界の事物」は大切ではないのか。もちろん大切である。イブン・アラビーにとっても荘子にとっても、万物は等しく絶対者を顕現させる。人の内面と同じだけ、外界の事物も大切である。にもかかわらず、なぜ「内面に向かう」ことから始めるのか。

井筒はこう解き明かす。私たちは、外界の事物を「その内側から」経験することはできない。事物の内側に絶対者が顕れるという出来事を、その事物の内側から（内側に入り込んで・内側において）、体験することはできない。唯一の例外は、自分自身（自分という事物）である。自分自身の内側に起こる出来事については、直接に体験することができる。自らの内側に絶対者が顕れる働きについて、内側から、直観することができる（この「直観する」を井筒は、in-tuite と表記し、内側に入り込んで・内側から生じてくる出来事である点を強調している）。

さて、純化が完成すると、外も内も忘れて、形而上学的「空《くう》 Void」に向かう。その体験を老荘思想は「明 illumination」と呼び、イブン・アラビーは「開示 unveiling」と呼ぶ。あるいは、「味わい immediate tasting」と呼ぶ。この段階では、事物の一切がまるで姿を変えて、「こころに戻ってくる」(「こころ Mind」は磨かれた曇りなき鏡。老子は「玄覧」と呼ぶ)。絶対者だけを観るのではない。万物を、絶対者の顕れとして、観る。事物を観るとともに、その中に、絶対者を観る。つまり「二重の見」である。

イブン・アラビーによれば、そうした賢者(二重の見)は、「被造物と絶対者を、同じ真なる実在の二側面と観ることのできる者」である。真なる実在は、本質においては「一」であり、名前においては「多」である。そのつど常に自らを多様に差異化してゆく、「一なる真の実在 one Reality」。賢者はその全体を観る。

他方、『荘子』が語る「聖人」、「真人」は、「現象世界にある多様に異なる事物の背後に形而上学的『一』を直観する behind these variegated veils of the phenomenal world, he intuits the metaphysical 'One'」(『スーフィズムと老荘思想』p. 478、翻訳書〔下〕二七三頁)。現象世界の事物を見ながら、その背後に、形而上学的「一」を直観することのできる「二重の見」である。

2　存在論的な「下降」と「上昇」

井筒は、認識と存在という二つの側面を区別する（本書第二章）。『スーフィズムと老荘思想』においてもその区別が見られる。存在の側面は、結論部の「リアリティの多層構造」、「本質と存在」、「存在の自己展開」と題された三つの章において語られる。

この場合も、イブン・アラビーと荘子との同型性が強調されるのであるが、今は「存在の自己展開」という点に目を留める。井筒は、存在論的な「下降 Descent」と「上昇 Ascent」と説明する。「下降」とは、「一」から「多」が生じる過程であり、万物が現われる。逆に「上昇」は、「多」から「一」に帰る過程であり、事物は事物として顕れる以前の宇宙的静寂の中に消えてゆく（なお、この「上」と「下」が、「禅の三段階モデル」の図式において問題になる。本書第五章5）。

下降の後に上昇が生じ、上昇の後に下降が続く。大きな存在論的円である。始点もなく終点もない。その変容プロセスは、一場面だけ切り取れば、時間的経過に見えるが、始点もなく終点もない円全体は無時間である。すべては「永遠の今」の出来事ということになる（同 p. 493. 訳〔下〕二九五頁）。

しかし、動きがないわけではない。まったく逆に、イブン・アラビーも荘子も、その世界観は極めて動的である。万物は常に変化し続ける。万華鏡のごとく世界は瞬間瞬間に変わってゆく。

イブン・アラビーは、この永続的な変化を「瞬間」に観る。世界はあらゆる瞬間ごとに新たに創造される。あらゆる瞬間に無数のものが創り出され、そして次の瞬間には、それらが滅して、別のものになる。二つの異なる瞬間に、同じ世界を体験することはない。そうした存在論的変容プロセスが際限なく繰り返されてゆくことになる。

世界は、あらゆる瞬間に、新たに創造され続ける。絶対者がそのつど自らを顕すということである。絶対者が、無数の事物の中に、そのつど自らを顕す（下降する）。そして、そのつど滅する。ということは、無数の事物は、そのつど絶対者の中に消えてゆく（上昇する）。

イブン・アラビーの表現で言えば、存在しなかったものは絶対者の「慈しみ」を受けて、存在を獲得する。事物が存在するのは、絶対者の自己表現である。現象世界にある無数の存在者は、すべて絶対者の自己顕現である。

同一に見えるものも、実は各瞬間に、新たに創造されている。しかし、統一性と同一性は失わない。新たな創造は「己の原型」によって永遠に定められている。イブン・アラビー『叡智の台座』を読み解く井筒の語りは、明るい光に満ちて、楽しげである。

3　一即多――「一の中に多を観る・多の中に一を観る」

ところで、絶対者が己を顕現させた多様な姿としての万物は、すべて絶対者の顕れであるから、世界の全体は「一」である。しかし他方で、事物は無数に異なっている。何ひとつ同じものはない。正確には、たとえ「同一物」であったとしても、二つの瞬間で異なっている。万物は多様である。しかし、万物はすべて「一」である。その問題をどう考えるか。

井筒によれば、荘子は「本質」を認めない。本質が創り出す境界は見せかけである。むしろ本質が真の実在を隠してしまう。真の実在には、本質による区別はない。

そうした荘子と比べてみれば、イブン・アラビーは、現象的事実を重視する。事物そのものに即してみれば、やはり事物は、事実として存在する。たとえ真の実在ではないとしても、「事実として」、区別される。そこで、イブン・アラビーは「恒常原型群 permanent archetypes」という言葉を用意する。それを井筒は「本質 essences」と理解する。「外界の存在」としては存在しないが、神の意識の中では、存在する。そして、現実態において（in actu）働いている。

それに対して、荘子の場合は、そのような現実態において働く「本質」を認めない。そのかわり、「可能態において in potential」は、認める。「本質」は可能的に存在する。

つまり、荘子とイブン・アラビーでは、「一」と「多」の「二重の見」が微妙に違っていたことになる。荘子は「一」を強調し、「多」の存在論的基盤については、可能的にのみ認めた。それに対して、イブン・アラビーは「一」を強調するとともに「多」の存在論的基盤を、神の意識の中では「現実態において」働いていると認めた。

「多」の中に「一」を観、「一」の中に「多」を観る。「二重の見」という言葉は登場しないとしても、その構図は共有される。「一・即・多」の構図。

井筒は「東洋の哲人」と語った。井筒がそう語る時、そこには多様な思想的背景の中に登場した様々な賢者・聖人・真人が含まれていた。同時にそうした哲人たちは皆、何らかの二重性を秘めていた。「二重の見」を持っていたことになる。

II

深層のコトバ

——意識構造モデル・意味分節理論・意味論分析

第五章　「二重の見」と「構造モデル」——深層意識におけるイマージュ

「表層意識」と「深層意識」。むろん実際の意識機能は無限に複雑である。それを承知の上で井筒は「表層・深層という二分法で、極度に単純化した意識の構造モデル」を示した（『意識と本質』IX、二三一頁）。しかも図を残した（同、二三二頁）。この場合も特定の名称はなかったが、井筒はたびたび「構造モデル」と呼んだからここでも「構造モデル」と呼ぶ（あるいは、「意識構造モデル」と呼ぶ）。では、意識変容の中で示された「二重の見」は、この「構造モデル」とどう関係するのか。禅師の「三段階モデル」と「構造モデル」とはいかなる関係にあるのか。

1 深層意識と「構造モデル」

『意識と本質』第Ⅷ章は、禅を論じたそれまでの文体とは趣きの異なる始まり方をする。「底の知れない沼のように、人間の意識は不気味なものだ。それは奇怪なものたちの棲息する世界。その深みに、一体、どんなものがひそみかくれているのか、本当は誰も知らない。そこから突然どんなものが立ち現われてくるか、誰にも予想できない」(一八六頁)。

本当は誰も知らない内的深層。そこから怪しいイマージュが立ちのぼる。どこからくるのか分からない。意識の奥深く、底知れぬ深層から立ち現われてくるとしか言いようがない。しかし、私たちはそのイマージュに翻弄される。

そう語りながら井筒は、しかしその理解が、或る前提の上に成り立っていたことを指摘する。認識主体は変容しないという前提。あるいは、「私たち」は「表層意識」であるという前提。認識主体である「私たち」を表層意識と同一視し、その意識が変容するとは考えない。意識は変容せず、主体も変容しない。意識の深層へと降りてゆくことによって主体が変容することなど考えない。

それに対して、東洋の哲人たちは、自ら体験的に意識の深層へと降りてゆく。意識を失うのではない。意識の質を変容させる。意識の深みに降りてゆき、それに沿って、徐々に認識主体それ自身が変容してゆく。

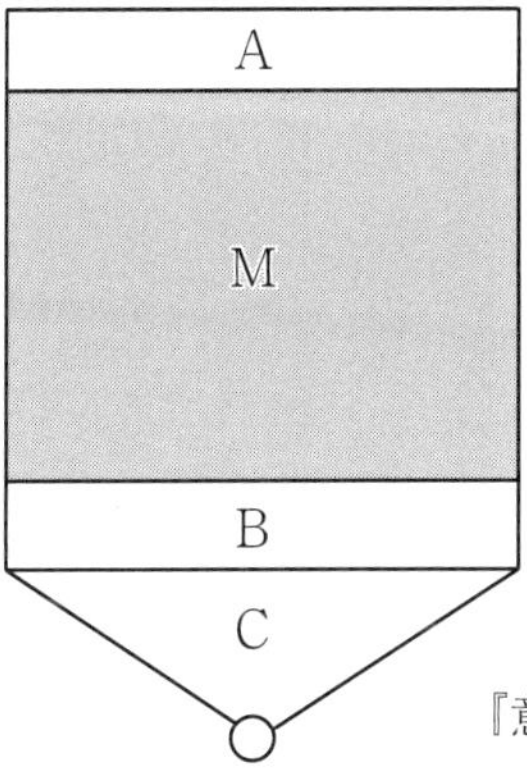

『意識と本質』Ⅸ

そしてその変容する認識主体に、世界はそのつど異なる姿で現われる。意識が変容するのに対応して、世界も、段階ごとに異なる姿を顕す。東洋の哲人たちは、意識の深層へ自ら降りてゆきながら、段階ごとに変化する自分自身（認識主体）の変容を見つめると同時に、（その変化する認識主体に映し出される）段階ごとに移り変わる存在風景を追っていたことになる。

「構造モデル」

そうした体験を理解するための助けとして描かれたのが「構造モデル」である。「意識」の全体が、表層から深層へと積み重なる構造として示される。

最上部のA（表層意識）、M（中間領域）、B（言語アラヤ識）、C（無意識の領域）、そして最下部の一点が白丸（「意識のゼロポイント」）で示される（上図）。

実は、この図には伏線があった。一九七九年のエラノス会議において、井筒は、「イマージュとイマージュ不在の間

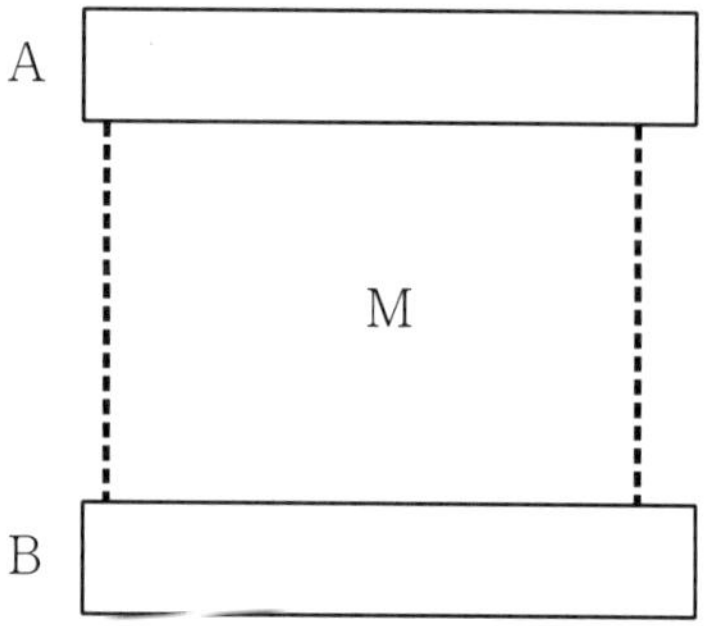

エラノス会議, 1979年

Between image and no-image: Far Eastern ways of thinking」という講演を行うのだが、その中で、この「意識構造モデル」の雛形となる、よりシンプルな図を提示していた（Izutsu, 2008, vol. II, p. 126）。

表層が「知覚認知レベル（A）」、深層が「深層意識レベル（B）」。そしてその中間領域が「M」である。

このシンプルな三層構造と対比して見る時、『意識と本質』で示された「構造モデル」は「深層意識」領域を細分化したことになる。すなわち、「深層意識レベル（B）」が、「B（言語アラヤ識）」、「C（無意識の領域）」、「最下部の白丸（意識のゼロポイント）」と細分されている。当然、その修正は、深層意識レベルをより詳細に語ること、とりわけ「最下部の白丸（意識のゼロポイント）」を議論の中に組み入れることを目指していたと思われる。

ところが『意識と本質』は、この図を解説するに際して「C領域」について多くを語らない。「全体的に無意識ではあるが、B領域に近付くにつれて次第に意識化への胎動を見せる」と語るのみである（同、IX、二二二頁）。実はこの「C領域」をモデルの中に組み入れたことは後に問題となる。「言語アラヤ識（B）」を超えたより深い層、つまり「コトバではない境域」を認めたことになるからである（本書一二二頁、一三四頁）。

同様に、最下部の白丸も「既に説明した意識のゼロポイント」とだけ語られる。この「既に説明した」の「既に」がどこを指すのか、はっきりしないのだが、もし禅を論じた箇所（同、VI・VII）を指すのであれば、「無分節」の極点、すなわち意識と存在との区別が成り立たない無分節のエネルギーと理解される。とすれば、禅師の「三段階モデル」における「第二段階」と重なる。ところが井筒は、二つのモデルを重ね合わせる作業をしなかった。意図的に避けたとは思えない。話の流れの中で、別の話題に進んでしまい、戻ってくる機会を逸したように思われるのである。

唯識哲学と言語アラヤ識

では、話題はどこに向かったのか。「言語アラヤ識」である。井筒は「唯識《ゆいしき》哲学の考えを借りて」、「アラヤ識」を語り、それを「コトバ」の問題として読み直すことによって、「言語アラヤ識」を説いた。

唯識によれば、私たちの行為は、すべて意識の最深層に「跡」を残す。いかに些細な動きであっても、「心」の奥底に、ひそかな痕跡を残す。唯識は「薫習《くんじゅう》」と呼ぶ。衣に香の匂いを薫《た》きしめるように、あらゆる経験は、例外なく、心の深層に香りを残す。その香り（痕跡）が「種子（しゅうじ

bija）」である。

「種子」は記憶ではない。生の経験がそのままの姿で記憶されるわけではない。井筒は「意味」に転成するという（『意味の深みへ』「あとがき」）。「意味」という痕跡となって薫習される。しかしこの「意味」は、表層意識における固定された〈意味〉とは違う。井筒は、この場合も用語を固定することを避け、「意味可能体」、「意味の萌芽」などと様々に言い換えながら、「『意味』エネルギーというほうが真相に近い」ともいう。流動的・浮動的な未定形の意味エネルギーである。では、どこに貯えられるのか。心の最深層、「アラヤ識（阿頼耶識）」である。「ālaya 貯蔵庫」と「vijñāna 意識」、貯蔵する識である。漢訳は「蔵識」という。図のB領域である。

この領域に「種子（未定形の意味エネルギー）」が貯蔵されており、時をえて形をなし、表の世界に現われる。唯識は「種子生現行《しゅうじしょうげんぎょう》」という。「種子」が「現行」を生み出す。「現行」とはすべての事物事象のこと。私たちが常識的に「外界」と考えている世界のすべてが、「種子」によって生み出される。そして逆に、今度は、その「現行」が「種子」の因となる（「現行」が「種子」を「薫習する」）。「現行薫種子《げんぎょうくんしゅうじ》」である。

こうした唯識哲学を、井筒はすべて「コトバ」の問題として読む。「意味」の問題として捉え直すのである。

しかしその前に一度、先の「シンプルなモデル」を見ておく。そこに「コトバ」は登場しない。問題は「イマージュ」である。深層意識における「イマージュ」の問題。

2 深層意識におけるイマージュ

＊

「イマージュ」は「イメージ」とは異なる。「イメージ」が表層意識で働き、安定しているのに対して、「イマージュ」は深層意識で働き、凝縮の度合いが低く、安定しない。深層意識の「イマージュ」が表層意識に現われた場合、「イメージ」として固定されるという関係である。

「種子」は未定形の意味エネルギーであった。いまだ形をなしていない。しかし、必要に応じて、いつでも自らを具体的イマージュへと変換させる傾向を持っている。

井筒は「感覚イマージュ sensory image」と「象徴イマージュ symbolic image」とを区別する。前者は、まっすぐに表層（A）へと浮かび上がるイマージュであり、後者は、中間領域（M）に留まるイマージュである。

前者は、表層に浮かび上がり、知覚を助ける。外界を知覚する時、いくつかの種子は、瞬時に自らをイマージュへと変換させ、意識の表層へと浮かび上がり、知覚を助ける。イマージュの働きがあって初めて知覚が可能になる（実は、後から見る通り、イマージュの働きによって初めて「実在するリアリティ」が構成される。しかしイマージュは知覚と直結しているから、私たちは、知覚の背後にイマージュが働いていることに気がつかない）。

それに対して、後者は、外界とは関係なしに、意識の深層（B）の内側に生じる。意識の深層が特別な仕方で働くことによってイマージュが湧き出てくる。例えば、「シャマニズム的なエクスタシー、瞑想中の集中状態、呪術宗教的な興奮の状態」。そうした場合、イマージュは、外界からの刺激とは関係なしに、意識の深層（B）に生じる。

前者「感覚イマージュ」が表層（A）の世界と調和する（世界を反映する）のに対して、後者「象徴イマージュ」は、表層（A）の世界とは関係なしに、深層（B）の構造を反映する仕方で現われる。前者が、感覚や知覚とピタリと合致して働く紋切り型であるのに対して、後者のイマージュは、表層の意識の側から見る時、まるで得体の知れない、奇想天外な姿となる。

そうした「象徴イマージュ」の漂う場所が「中間領域（M）」である（後に見るように、井筒は「ムンダス・イマギナリス」と呼ぶ）。B層から生じた象徴イマージュは、A層へとまっすぐに浮かび上がることなく、この中間領域（M層）に留まる。井筒は、このM層を、「意識の表層と深層とを区別する、と同時に結び付ける」という。確かに、M層に漂う象徴イマージュは、A層に浮かび出た感覚イマージュとは違うのだが、しかし象徴イマージュも何らか感覚的な姿で現われる。「未定形のエネルギー」ではない。例えば、龍であるとか、天使であるとか、何らかの姿をもって現われる。

井筒によれば、「象徴的」という特殊な在り方は、こうした「分離と結合」に由来する。「意識のA層とB層を分離すると同時に結合するという矛盾した合一 the contradictory unity は、想像的世界におけるイマージュにおいて実現する。そのためにこれらのイマージュは『象徴的』になる。意識の二層の中間にあって、相互の反発や引力から生じる個々の意味論的な緊張が、象徴イマージュを、感覚イマージュから区別する。感覚イマージュはB層がA層に与える作用を最小限に抑えている」（Izutsu, 2008, vol. II, p. 130）。

感覚イマージュは象徴的ではない。一義的・固定的である。そうでなくては知覚を助けることができない。「B層がA層に与える作用」は最小限に留まる必要がある。それに対して、象徴イマージュが「象徴的」であるのは、A層とB層の中間に位置し、「相互の反発や引力によって生じる個々の意味論的な緊張」を担うためである。

もう一点、井筒は、象徴イマージュが「ダイナミック」であるという。感覚イマージュが静止的で固定していた（知覚を裏から支え、知覚を成り立たせる）のに対して、象徴的イマージュは動的であり、象徴的な物語へと発展してゆく傾向を持つ。

井筒は「神話的」という。象徴イマージュが生み出す「イメージ」は、経験世界のそれとは異なる。感覚を通して得られる「イメージ」とは異なる姿でリアリティ（a peculiar vision of reality, a symbolic picture of reality）が体験される。つまり、M領域におけるリアリティの分節は、経験世界における感覚的分節とは、「原則そのもの」が違うというのである。

こうした象徴的な分節は、経験世界においては役に立たない。そのため、単なる空想と貶められる。しかしそれらは、意識の深層におけるリアリティを表わしている。意識の表層に縛られた目には見ることのできない「存在の原初的構造」。「心的にははるかに現実的であり、人間の運命と存在に、より深くかかわるリアリティの原初的な構成」を表わしているというのである。

3　言語アラヤ識

さて、以上は「イマージュ」の話であった。『意識と本質』はそれを「コトバ」の問題として語り直す。構造モデルは同じ。表層（A）、深層（B）、中間領域（M）。「アラヤ識（B領域）」に貯蔵されていた「意味エネルギー」が、時を得て、形をなし始める。それを『意識と本質』は、「コトバ」と結びつくと言い換えるのである。「意味エネルギー」が〈意味〉となり、表層意識に浮かび上がる。流動的で形のなかったエネルギーが、「コトバ」の区切りを得ることによって、形を得て、表層意識における固定された〈意味〉となる。

＊〈意味〉となると同時に、実は、現実世界を構成する。〈意味〉によって初めて存在世界が現出するということである（唯識哲学で言えば、「種子」が「現行」を生み出す「種子生現行」）。なお、カタカナ表記の「コトバ」は、あらかじめ実在する事物を写し取る記号ではない。むしろ、コトバは、

その意味分節機能によって、事物を存在せしめる。

重要なのは、井筒が、このB領域も「コトバ」と理解している点である。アラヤ識も「コトバ」である。そこで「言語アラヤ識」という。しかしこの場合の「言語」は、表層意識における〈言語〉ではない。〈言語〉は表層意識において明確に区切られている（そして、現実の事物と、一対一で固く結びついている）。

それに対して、意識の深層においては、〈言語〉の凝結の度合いが弱い。B領域においては、その凝結度は限りなく弱く、いまだ形をなさない意味エネルギーである。にもかかわらず、井筒は、それも「コトバ」と見る。〈言語〉とは違うのだが、「言語的性格を持っている」。

逆に言えば、〈言語〉も「コトバ」の一形態である。表層意識における〈言語〉は、分節され固定された「コトバ」ということになる。それに対して、B領域（言語アラヤ識）に蓄えられた「コトバ」は、いまだ形をなさない流動的なエネルギーのままの「コトバ」である。

＊こうした理解は、記号体系としての〈言語〉の意味を（水平的に）見ている限り見えてこない、その深層に伏在する意味エネルギーの（垂直的な）ダイナミズムである。あるいは、「言語」を意識（表層意識）の立場から見るのではなく、その意識すら「種子」から生じたものとして見る時、初めて理解される。

実は、この点が、ユング心理学と異なる。ユングは「無意識」を「言語」と結び付けない。言語は意識において初めて働く。無意識エネルギーは「言語的性格」を持たない。意識に触れた時に初めて言語化される。

井筒はそう考えない。「アラヤ識」が既に「コトバ」である。そして深層意識のコトバと表層意識の〈言語〉とを連続的に理解する。表層意識の日常的な〈言語〉は、「アラヤ識に潜む『種子』の表層的発現にほかならない」。アラヤ識に潜む「種子（エネルギー）」それ自体が、あらかじめ「言語的性格」を持っており、それが連続的に凝集の度合いを高めてゆくと理解するのである。

単純に対比すれば、ユング心理学は「無意識」と「意識」との断絶を強調したのに対して、井筒は「深層意識」と「表層意識」との連続的相違（グラデーション）を見ている。正確には、深層意識と表層意識との循環するダイナミズムを、唯識の「種子生現行」、「現行薫種子」に倣う仕方で、描き出したことになる。

しかしここで、『意識と本質』の「構造モデル」に書き込まれた「C領域」が問題となる。C領域は「コトバ」ではない。井筒は（『意識と本質』の中では）、詳しく語らないのだが、C領域は「言語的性格」を持たない。そこで、このC領域をユング心理学の「無意識」に対応させる可能性が残される。しかし、ユング心理学の語る「無意識」は、明らかにB領域で働く。あるいは、むしろ（これから見る）M領域を本場とする。とすれば、その領域に「言語的性格」を認めないユングの理解と、井筒の理解とは、やはり大きく異なっていることになる。

＊　エラノス会議の講演において、井筒は何度か「ユング心理学」に触れている。ユング思想と結びつきの深い会議であることを考慮して、聴衆の理解を助けるための方策であったのか、それとも井筒の思想それ自身の中にユング心理学との親和性があったのか。例えば、井筒が「言語アラヤ識」を語る時、どの程度、ユングの「集合的無意識、あるいは文化的無意識の領域」を念頭に置いていたのか。

4　M領域──「想像的イマージュ」

さて、M領域である。井筒は「想像的《イマジナル》イマージュ」の領域と呼ぶ（先に見た「象徴イマージュ」を『意識と本質』はこう呼ぶ）。

既に見たように、イマージュはB領域で発生し、最上部のA領域を目指してゆく方向性を持つのだが、A領域に辿り着く手前で、イマージュ特有の機能のままに留まる場合がある。その機能を、井筒はイスラーム研究の大家アンリ・コルバンに倣って「想像的 imaginal」と呼ぶ。

「想像的《イマジナル》」は、「イマジネール imaginaire（仏語）」とは違う。「イマジネール」が「架空の・事実ではない・作り事の」といった否定的な意味が強いのに対して、前者「想像的《イマジナル》」は深層意識におけるリアリティを指す。「想像的《イマジナル》」は、頭の中で作り上げた「架空の事物（イマジネール）」ではない。意識の深層次元で見られるリアリティである（見てゆくように、実は「想像的《イマジナル》」なイマージュこそが、実体的リアリティを構成する）。

　では、「イマージュ」はいかなる機能を持つか。井筒は、先に見た二種の区別を、何度も違った仕方で言い換える。ひとつは、外界の事物の裏打ちを持つ（事物と結合した）イマージュ。もうひとつは、外界の事物の裏打ちを持たない（事物から遊離した）イマージュ。

　前者は、表層意識で働き、知覚を助ける。事物をそのものとして認知させる（この表現の分かりがたさについては後述）。

　それに対して後者は、外界の事物と対応しない。事物から遊離したイマージュである。表層意識にまで昇ることなく、M領域に留まり、イマジナルな機能を発揮し続ける。

　およそこのように区別した上で、井筒は、日常を生きる普通の人間にとっては、どちらのイマージュも理解しがたいと言う。

　まず、後者（事物から遊離したイマージュ）は、そもそも表層意識に出てこない。仮に、姿を見せたとしても、経験世界においては役に立たない。夢や幻として処理される。あるいはそのイマージュが、表層意識を支配してしまうと「狂人」と呼ばれることになる。

　ところが、実は、より理解しがたいのは前者である。事物と結びついたイマージュ。なぜなら、私たちは普通、イマージュなど介さずに、直接に事物を見ている（つもりになっている）からである。例えば、木を見る。実在する木を見ているのであれば、それは「直接」見ているのであって、そこにイマージュの働きが媒介しているとは思わない。それに対して、木が実在しないところで木をイメージする時、「木のイマージュ」が頼りになる。「木のイマージュ」が働かないと、木をイメージすることができない。

問題は、「実在する木」を見ている場合である。実は、私たちが気づこうと気づくまいと、外界に実在する木を見ている時にも、「木のイマージュ」が働いている。ところが、この「イマージュ」と「実在する木」とが正確に重なっているため、イマージュの働きに気がつかない。

知覚もイマージュに助けられて可能になる。イマージュの介在なしに、直接に知覚することなどできない。のみならず、イマージュの働きによって初めて、「実在するリアリティ」が構成される。

あらかじめ事物の区切りが実在しており、それを認識する（反映する）のではない。むしろ、「想像的《イマジナル》」なイマージュが、事物の区切りを構成する。イマージュこそが、実体的リアリティを構成する（先のエラノス講演の用語法で言えば、「感覚イマージュ」に相当する。『意識と本質』は「即物的イマージュ」と呼ぶ。『意識と本質』Ⅷ、一九二頁）。

しかし、そうしたイマージュの働きは気づかれない。「即物的イマージュは、外界に実在する事物に吸いつき、それと一枚になりきって、存在の分節的認識の機関として働くという、まさにその即物性のゆえに、事物を表面に押し出して、自らはその陰にそっと身を隠す、あたかも全然存在しないかのごとくに」（強調点は原著、『意識と本質』Ⅷ、一九二頁）。
私たちが、外界に実在する木を見ている時も、その背後で「木のイマージュ」が働いている。「木のイマージュ」は、木という事物を表面に押し出し、外界に実在する事物として固定するやいなや、身を隠してしまう。そこで私たちは、イマージュの働きに気がつかない。

5 「三段階モデル」と「構造モデル」

こうして井筒は、意識の深層領域を「コトバ」と「イマージュ」の問題として語った。舞台を変えて何度も語り直し、そのつど用語法が微妙に変わり、話の焦点も微妙に変わった。それらを総合的に整理する作業は、今後の課題とする。その代わりここでは、冒頭の問いに還る。禅師の「三段階モデル」との関連である。「意識の深層領域」は禅師の話といかに対応するのか。

禅師の語りは「表層意識（分節Ⅰ）」から始まった。意識を深めてゆく（意識の深層領域へと降りてゆく）。そして「意識のゼロポイント」に至り、そこから再び「表層意識（分節Ⅱ）」に戻ってくる。往相と還相のプロセスである。では、その往復するプロセスは「構造モデル」の「深層意識」と重なり合うか。

注目したいのが「三段階モデル」として描かれた図である。井筒が提出した図は山型であった。「無分節」が上に位置する（『意識と本質』Ⅶ、一四七頁、本書二六頁）。それに対して、本書が提示す

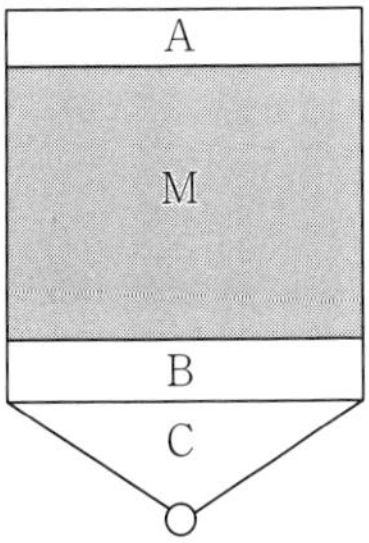

構造モデル
（本書113頁, 再録）

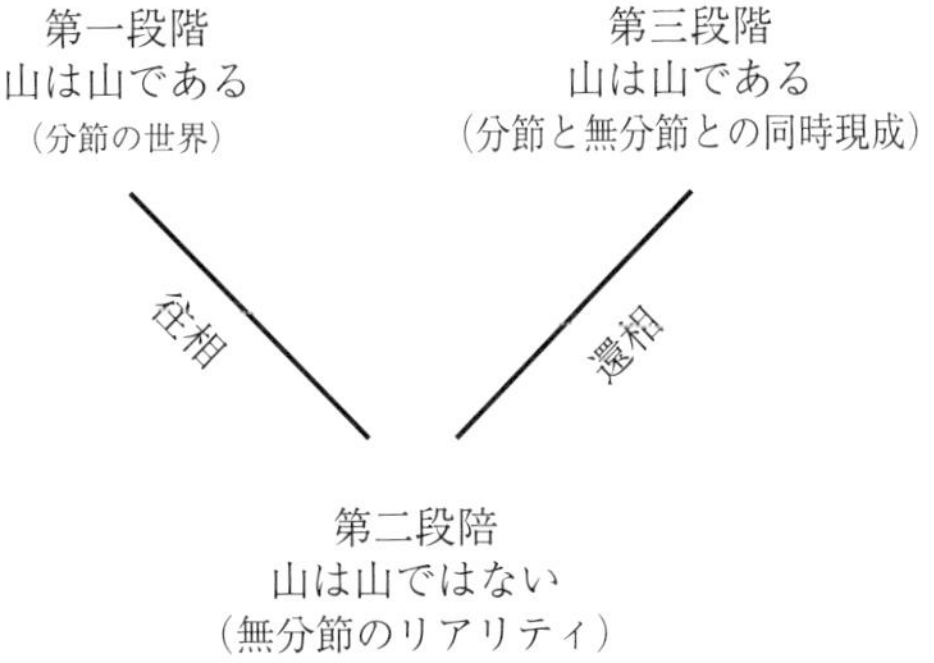

るモデルは谷型であって、「無分節」が下に位置する。「分節Ⅰ」から出発した後、井筒の図では上昇するのに対して、本書の図では下降する。

井筒の「分節化理論」を論じた永井晋も、本書と同じく谷型の図を描いている。「イマジナルの現象学」を構想する永井にとっても、無分節へと降りてゆき（意識の深層へと下降し）、その行き着いた先から（超越論的起源から）何が生じてくるか（新たな次元で現象性を構成し直すか）という理解が自然であったことになる（永井晋「イマジナルの現象学」『思想』九六八号、二〇〇四年一二月、二九頁、本書第六章6）。

さて、谷型の理解であれば、「構造モデル」と上下が重なり合う。表層が上、深層が下。ところが、井筒は「三段階モデル」を山型として示した。ということは、表層が下になり、深層が上になる。

あらためて『意識と本質』の中で、この図が語られた場面を見る。井筒は、禅体験の全体像を動的な「出来事」として見る必要があるという。

「実際の修行道としての禅がいわゆる悟り、見性体験、を中心とすることは誰でも知っている。禅者の修行道程は、見性体験を頂点として左右にひろがる山の形に形象化されよう」(『意識と本質』Ⅶ、一四五頁)。

「見性体験(無分節)」を頂点とした三角形である。頂点に向かう「向上道」と頂点から降りてくる「向下道」という理解。「現象的事実の世界から出発して上に昇り、頂点に達してまたもとの経験的世界に下降してくる」。

この「向上」と「向下」の理解は、井筒が、古代ギリシアの「神秘道」を語った時から一貫している。感覚界からイデア界に上昇する「向上道(アナバスィス)」。反転して、感覚界に還ってきて万人のために奉仕する「向下道(カタバスィス)」。

ちなみに、プラトンの「哲学的神秘道」をこうした「向上道」と「向下道」との往復として語った井筒は、「向上道」だけに傾く理解を、特有の文体で、痛罵していた。「ソクラテス以前の哲人たちは、(中略)各々が天地幽遠の真諦を捕捉し真実在を証得した者は全世界にただ我れ独り、と誤信して互いに他を誹譏し、その上、素朴な一般世上の人々の愚をただいたずらに冷笑するという智的驕慢に陥ったのであった」(『神秘哲学』第二部第二章「プラトンの神秘哲学」二三七頁)。

このように、「向上道」と「向下道」(山型の構図)は、井筒の中で一貫していた。ところが、実は、『意識と本質』第Ⅷ章の中に、既に微妙な揺れが見える。「表層意識」、「深層意識」という言葉を使っているのである(「表層意識は分節機能から離れることができない」。無分節は「深層意識的事態」である)。

ということは、井筒自身が描いた図と重ね合わせると、奇妙なことになる。表層が下にあり、深層が上にある。

＊『意識と本質』に忠実に、無分節を上に置いた山型の図を描き、縦軸を「意識の深浅」と規定して、下方を「表層意識」、上方を「深層意識」とした理解もある（金子奈央「井筒俊彦における禅解釈とその枠組み」、澤井義次・鎌田繁編『井筒俊彦の東洋哲学』慶應義塾大学出版会、二〇一八年、一八八頁）。

さらに井筒は、「真相（深層的意味）」と言い換え、「深層的了解」とも言いながら、「さきに掲げた『分節（Ⅰ）→無分節→分節（Ⅱ）』という三角形構造の頂点をなす無分節が深層意識的事態として現成する」とも書いている（『意識の本質』Ⅶ、一六〇頁）。

言葉尻だけ捉えれば、表層意識から上に昇り、深層意識から降りてくるというのである。井筒は、この場面で、上下のズレを自覚せぬまま、「三段階モデル」と「構造モデル」とを重ねていたことになる。

6　往相プロセス——意識の深層

では、二つのモデルを重ね合わせる時、何が見えてくるか。

まず、往相（第一段階から第二段階へのプロセス）を見る。実は井筒は「構造モデル」を語る際、往相プロセスを詳しく語らなかった。話は深層意識から始まった。深層意識の出来事がいかに表層に現われるか。その過程でイマージュがいかなる機能を果たすか。つまり、話の焦点は、表層から深層に降りてゆく方向（往相）ではなかった。「構造モデル」は修行者の視点を解き明かすモデルではなかったのである。

確かに井筒は、「シャマニズム」に言及する。そして、その時は修行者の視点で語る。「シャマン」の「意識の三段階」を、「構造モデル」を表層から深層へと降りてゆく仕方で説明するのである。古代中国のシャマニズム文学の最高峰をなす『楚辞《そじ》』に即して語られる「シャマン的実存」の変容過程は、以下のように語られる。

第一層は、日常的意識。表層意識である。『楚辞』に登場する屈原《くつげん》を例に、井筒はこう語る。純粋潔白な彼は、不正の渦巻く俗世間において、自らを悲劇的な存在と意識する。しかし、これは道徳の問題である。現実を超えたイマージュはない。

第二層では、シャマン的主体に変貌する。「聖なるもの」に近づき、意識が聖化されてゆく。天空から神が降りてきてシャマンに乗り移る。神憑り状態に入った意識は、世界を離れて、イマージュの世界に遊ぶ。しかし持続しない。神が去ると再び日常意識に戻る。その代わり、井筒はこの「神憑り」の直前と直後に注目する。神と人が、まだひとつではない。あるいは、もうひとつではない。そうした「一種異常な興奮状態」において、「想像的イマージュ」が激しく動き出す。「具体的事物が現に目の前に実在していようと、いまいと、それには関わりなく、経験的存在の次元とは違った一つの別の次元で活動する特殊なイマージュ」(『意識と本質』Ⅷ、二〇〇頁)。M領域の「想像的《イマジナル》なイマージュ」である。

第三層に至ると、その「想像的《イマジナル》なイマージュ」は、もはや経験的世界とのつながりを持たない。イマージュが独り歩きするのではない。逆に、経験的世界がイマージュ世界になる。「魂」が一時的に肉体から脱出し、天空を駆けめぐる。人間の意識が「経験的事物の存在次元から」完全に離脱し、経験的世界を生きながら、「即物性を脱した、あるいは即物性の極度に希薄な」イマージュの世界を生きている。つまり、「構造モデル」を表層から深層へと降りてゆき、表層意識から遠く離れた、意識の深層が語られたことになる。

井筒はそこに「密教のマンダラ空間」を重ねる。「マンダラのイマージュ空間」は、「その脱即物性において、シャマン的イマージュと質を同じく」する。「密教的修行主体の脱自的意識そのものである」(『意識と本質』Ⅷ、二〇五頁)。

禅師の「三段階モデル」では、こうした「イマージュ」の世界が語られることはなかった。「三段階モデル」は、分節から無分節への変容プロセスを語ったが、深層意識の豊饒な(奇怪な)「想像的《イマジナル》なイマージュ」体験を語ることはなかった。

むろん、一方が禅の文脈、他方が密教の文脈、そもそも舞台が違うということになるのだろうが、しかし井筒は、まさにそうした地平の異なる思想を「共時的」に構造化しようとする。とすれば、「三段階モデル」と「構造モデル」との重ね合わせは、井筒の議論の核心に触れる貴重な機会であったことになる。

7　還相プロセス——C領域の問題

さて今度は、還相《げんそう》である(第二段階から第三段階へのプロセス)。「構造モデル」で言えば、表層意識へと昇ってゆく方向。

「三段階モデル」における還相は、「無分節」から出発して、新しい「分節」を創り出す。第一段階の回復ではない。意識は、第二段階を通過したことによって、変容する。究極の「区切りなし」を体験した賢者の眼は、たとえ分節を取り戻しても、「区切りなし」の境地を忘れない。世界を新しく区切りながら、しかしその背後に、常に「区切りなし」を重ねて観る。つまり「二重写し」になる。「区切り」と「区切りなし」の「二重の見」。

ところが、「構造モデル」は「二重の見」を語らない。むしろ、話の中心は、第一段階(分節Ⅰ)

の成り立ちである。いかに「分節」の世界が構成され、いかに「表層意識」が構成されるか。正確には、分節の世界が、「言語アラヤ識」から昇ってきた「コトバ」の働きによって形成される経緯である。イマージュが事物の区切りを構成し、実体的リアリティを構成する様子。

では、「二重の見」はどう説明されるのか。「二重の見」の賢者は「無分節」の位相を体験した。その「無分節」を、「構造モデル」は最下部の「白丸」(意識のゼロポイント)で示していた。ところが「構造モデル」は、「分節」と「無分節」という区切り方をしない。むしろ両者の連続的相違(グラデーション)を示す。あるいは、先に見たように、「分離すると同時に結合するという矛盾した合一 the contradictory unity」を、それぞれの階層構造において、示そうとする。

その典型が「C領域」である。C領域は、「白丸」(意識のゼロポイント)ではない。しかしB領域(言語アラヤ識)でもない。むしろその移行を示すための「領域」である。

B領域から見れば、C領域は、アラヤ識を超えてしまうのであるから、「種子(意味エネルギー)」が届かない。「コトバ」から離れてしまう。しかし完全に「コトバ」と無縁であるわけではない。「全体的に無意識ではあるが、B領域に近付くにつれて次第に意識化への胎動を見せる」(『意識と本質』IX、二二二頁)。

実は、このC領域は、唯識思想のモデルには収まりきらない。唯識思想のモデル化であれば、エラノス会議のシンプルなモデルで足りたはずである。ところが『意識と本質』で新たな構造モデルが示された時、そこには、「現行薫種子」「種子生現行」では説明することのできない、より深層の出来事が含まれていた。

それが「C領域」であり、「ゼロポイント」である。正確には、究極の「無分節（意識と存在のゼロポイント）」が自己分節へと胎動を見せる、微妙な場面である。

アラヤ識より、さらに深層に位置する。しかし、「ゼロポイント」ではない。無分節が、自己を分節し始める場面。より正確には、無分節は、それ自身が自己分節へと向かう力動性であるという。

井筒は、栄西の「真空妙有《しんくうみょうう》」に即して語ったことがある。無分節は静的な無ではない。「それは本然の内的傾向に従って不断に自己分節していく力動的、創造的な『無』である。真空は妙有に転成する、というより、転成せざるをえない。絶対無分節は自己分節するからこそ絶対無分節なのである」（『意識と本質』Ⅶ、一八三頁）。

アラヤ識における出来事ではない。しかし「白丸」だけ描いたのでは、その「動き」を示すことができない。無分節が自己を分節し始める出来事。B領域に近づくにつれて次第に意識化への胎動を見せる出来事。そうした出来事を「深層意識」の最深部に組み入れるために、C領域が設定されたことになる。

こうして「構造モデル」は、無分節が自己分節してゆくプロセスを語る。「三段階モデル」も、存在変容の側面においては、同じプロセスを語る（本書第二章2）。そして、そのプロセスを、意識変容の側面において語るに際して、賢者の眼を借りて「二重の見」と語った。

ところが「構造モデル」を語る際には、「賢者の眼」が登場しない。先に見たシャマンの場合も、往相だけが語られ、還相は語られなかった。あるいは、シャマンの第三層、「経験的世界の方がイマージュ世界になってしまう」の位相を、当のシャマンが「語る」場面においても、語るシャマンの意識を「二重の見」と説明することはなかった。

8 「シャマンの意識」と「二重の見」

では、「シャマンの意識」と「二重の見」とはいかなる関係にあるのか。手がかりのひとつは「言語呪術」に関する井筒の説明に見られる。

井筒は、「言葉にたいするシャマニズムの態度」の典型として「言語呪術」に言及する。「シャマニズムに限らず、ひろく一般に、呪文、祈禱、ダーラニー（陀羅尼）、マントラ等の形で発音された言葉に、人が一種の霊力を想定する（あるいは、信仰する）ところ、どこにでも言語呪術は生きている」（『意識と本質』X、二三五頁）。

発音されたコトバに促されて、「想像的イマージュ」が深層意識（M領域）に呼び起こされる。そのイマージュは、圧倒的な力をもって、人に迫ってくる。ルドルフ・オットーが「ヌミノーゼ」と呼んだ何か。「理性にとってはなんとも薄気味悪い、神霊的なもの」。それゆえ、「ユダヤ人は神の真の名『ヤハヴェ』（Yahveh）を絶対に口にしない。たとい聖書のテクストに YHVH と書かれていても、念誦の際、これを決して Yahveh とは発音しない」（同、二三五頁）。その言葉を発することによって、何が呼び起こされるか、人の予測をはるかに超えたことを畏怖するためである。そう理解した上で、井筒は、深層意識と表層意識との混同に注意を促す。

> ただ、このようなコトバの呪術的力を信じる人たちが、多くの場合、深層意識を表層意識と混同し、意識のM領域に出現する「想像的」イマージュを、そのままただちに外界の存在現象と同一視してしまうところに問題がある。というより、むしろ、深層意識的事態と表層意識的事態とをこの意味で混同、あるいは同一視することこそ、コトバの呪術的用法の根本的特徴なのであって、またそれだからこそ、理性的、合理的であることを誇りとする近代人の目には、言語呪術は一個の未開人現象としてしか映らないのだ。
> （同、二三六頁、強調は原著）

この引用の前半と後半ではニュアンスが異なる。前半は、深層意識と表層意識との混同を警戒するのに対して、後半は、近代人が言語呪術を軽視してきたことを批判する。つまり、前半は言語呪術の危険を強調し、後半はその価値を強調する。

まず前半は、「意識のM領域に出現する『想像的』イマージュ（深層意識）」を、そのままただちに外界の存在現象（表層意識）と同一視してしまう」ことを混同と批判する。「二重の見」はそうした混乱を起こさない。

東洋思想の中で、コトバの深層言語学を発展させた思想家たちには、こうした混同は見られない。

言語呪術は、深層意識における「想像的イマージュ」を呼び出すのであって、それがそのまま表層意識における「経験的事物」とは考えない。「ただ、第二次的に、表層意識の認識機能に作用して、表層意識の世界像を『元型』イマージュ的に変貌させることはありうる、というだけのことだ」（同頁）。「二重の見」は、深層意識の出来事と表層意識の出来事とを区別する。

しかし、その区別は流動的である。深層意識のイマージュが、あまりに圧倒的であるために、表層意識の世界像に影響を与える。「表層意識の認識機能に作用して、表層意識の世界像を『元型』イマージュ的に変貌させることはありうる」。あるいは、「経験的事物の『元型』的『本質』を形象的に呈示する」。もしくは、経験的世界の構造を「象徴的に呈示する」（同、二三七頁）。

しかし、それがそのまま経験的事物であるとは考えない。例えば、マンダラは、存在の深層意識的図柄ではあっても、経験的事物そのものの構造体ではない。「表層意識的事態と深層意識的事態との間には、ここでも、きっぱり一線が劃されている」（同、二三八頁）。

さて、こうした表層と深層との区別を繰り返す文脈とは、位相を異にするかのように、先の後半部分は、言語呪術の価値を（裏側から）強調する。なぜ、近代人の目にはその価値が理解されないか。「深層意識的事態と表層意識的事態とをこの意味で混同、あるいは同一視することこそ、コトバの呪術的用法の根本的特徴なのであって、またそれだからこそ、理性的、合理的であることを誇りとする近代人の目には、言語呪術は一個の未開人現象としてしか映らないのだ」。

理性的・合理的な目からみると、表層と深層との混同は、価値が低い。単なる混乱に過ぎない

（「錯覚である」、「取り憑かれている」、「異常である」）。そのようにしか理解しない近代人は、言語呪術の重要な意味を見落としてきたというのである。

つまり井筒は、言語呪術の危険を指摘しつつ、その価値を正当に位置づけようとする。「理性的、合理的であることを誇りとする近代人の目」には理解することのできない重要な意味を浮き彫りにしてみせた。

「シャマンの意識」も同様である。井筒はその価値を強調する。「理性的、合理的であることを誇りとする近代人の目」が見過ごしてきた「シャマンの意識」の重要な意味を提示してみせる。しかし同時に、その危険も指摘する。深層意識を表層意識と混同する危険。「意識のM領域に出現する『想像的』イマージュを、そのままただちに外界の存在現象と同一視してしまう」危険。

他方、井筒は「二重の見」について危険を指摘することはなかった。賢者の「二重の見」は常に理想的である。『スーフィズムと老荘思想』の用語で言えば、「the Perfect Man（完全な人）」の「見」である。

『意識と本質』の冒頭に登場した有名な定義を思い出す。

> いわゆる東洋の哲人とは、深層意識が拓かれて、そこに身を据えている人である。表層意識の次元に現われる事物、そこに生起する様々の事態を、深層意識の地平に置いて、その見地から眺めることのできる人。
>
> （『意識と本質』Ⅰ、一二頁）

表層意識と深層意識とを同時に機能させることができる「二重の見」である。それはまず、「表層意識に身を置く」に対する「深層意識に身を置く」ことではない。表層と深層との両領域を同時に働かせる。その意味で「二重」である。しかし第二に、それは表層と深層との混同ではない。深層意識のイマージュを、そのままただちに外界の存在現象と同一視してしまうわけではない。同時に機能させることができる。しかし混同しない。混乱することなく重ね合わせ、二重写しに観ることができる。「二重の見」である。

＊　本書で何度も繰り返されるこうした特殊な二重性は、表層意識と深層意識で言えば、次のような二段階の構造から成り立つ。まず、表層意識と深層意識とを区別する（①）。それに対して、両者を区別しない立場がある（②）。当然、①と②とは区別される。ところが、第二段階（メタレベル）においては、その①と②との区別が消える。表層意識と深層意識を、〈区別する（差別相＝①）〉ことと〈区別しない（無差別相＝②）〉こととの区別をしない。差別相と無差別相とが同時に成立する。『起信論』はそれを「非同非異」と呼び、華厳哲学は「無礙」と呼ぶ。本書は、そうした特殊な二重性を「二重の見」と呼ぶ。差別（対立）と無差別（一体）とを二重写しに観る「二重の見」である。

第六章　コトバの本源的な働き——禅モデルと密教モデル

井筒はコトバの深層を見る。意識に表層と深層との区別（グラデーション）があったように、コトバにも、表層と深層との区別がある。表層を水平的に見るのではない。表層の背後に潜む深層領域を垂直的に降りてゆく。例えば、「イマージュ」領域。まだ明確な〈言葉〉になる前の、しかし何らかコトバである領域。固定された〈意味〉ではない。意味がそのつど生成されてゆく「意味生成のエネルギーの現場」。しかもコトバは、意味を通じて、存在世界を現出させる。あらかじめ存在していた世界を言葉が写し取るのではない。コトバが、世界を、存在させる。「通常の言葉」とは異なる「次元の異なる出来事としてのコトバ」。井筒は「コトバ」とカタカナで書く。「コトバ」の視点から、禅モデルと密教モデルとの異同を見る。

1 コトバが世界を存在させる

ある講演の中で井筒は、禅の言語について語りながら、「言語の本源的な働き」を次のように語っていた。言語を発することによって「山」が成り立ち、「意識」も発生する（「対話と非対話」『意識と本質』）。

確かに、禅は（その往相面においては）、言葉を拒否する。すべての名前を剝《は》ぎ取《と》り、すべての分節を消し去ることによって、言語の機能を停止させ、「意味分節機能」を停止させようとする。もはや分節がない。絶対無分節。禅は「無」と呼ぶ。言語とも無縁であるから、井筒は「根源的非言語」と呼ぶ。もし禅がその境地を最終目的とするなら、一切の言語活動は、ただ否定的な意味しか持たないことになる。

ところが、禅は（その還相面においては）、そこから反転する。禅が無理やり反転させるのではない。絶対無分節の消え去った「絶対無分節」それ自身が、「自己分節への存在的傾向を内包している」。絶対無分節は、「どうしても自己自身を分節せずにはおられない」（「無名」は「有名」に転じていかずにはおられない）。そして、あらためて、具体的な世界として完全に現象するまで、自己分節してゆく。

禅は、その出来事を（「『一者』の自己分節の全行程を」）、「くまなく辿るべく定められている」。すべての事物が、コトバの区切りによって（言語の意味分節機能によって）、名を得る。禅はその出来事を、自ら体験的に辿ろうとする。

絶対無分節は、言語とは無縁である。根源的非言語である。ということは、絶対無分節の自己分節とは、根源的非言語が自己分節することによって、個々の語となり、それらの語が、それぞれ個々の事物を現成させるということである。その出来事を、井筒は、言語を発することによって「山」が成り立つ、という。意識が発生するという。そして、「山を意識する私」の「意識」として統一され、「山」が現成するという。「なんだかマラルメの口真似みたいになりますけれど」という前置きに続くのは、以下のような説明である（丸枠の数字は引用者）。

①私が「山」という語を発音する。するとたちまち「無」の深淵の奥底から「山」が立ち現われてきます。「無」の直接無媒介的自己顕現として。そしてそれは同時に、「山」という一点に集約された全存在界の生起でもあるのです。②他方、私が「山」と言い、その発音された語を私から離れた他者として聞くとき、私の中に意識が、主体としての「私」の意識が、これもまた同じ「無」の深淵のさ中から立ち現われてきます。これが意識の発生です。③そして永遠のコトバの創造的エネルギー全てを挙げての瞬間的凝結である「山」と、これまた同じ永遠のコトバの全エネルギーの瞬間的凝結点である「意識」とが、山を意識する私の意識として統一されます。④根源的非言語の直接の分節体としての「山」がこうして現成します。

（「対話と非対話」『意識と本質』四二〇―四二一頁）

①　私が「山」と言う。すると「山」が立ち現われる。「山」は「無」の自己顕現である。「無」が、その全エネルギーを挙げて、「山」として顕れる。のみならず、「山」において全存在界が生起する。この「無」は「根源的非言語」であり、同時に「永遠のコトバの創造的エネルギー」と同義である。「コトバ」が「山」を生起させる。あるいは、「コトバ」が自己を分節することによって「山」として顕れる。「コトバ」の一部が「山」になるのではない。「コトバ」の全エネルギーが「山」となって顕れる（本書七一頁）。

②　「山」と言う。その発話された語を聞いて、初めて私の中に「私」の意識が成り立つ。この「私」も「無」の自己顕現である。「無」が、その全エネルギーを挙げて、「私」として顕れる。あるいは、「コトバ」が自己を分節することによって、「私」として顕れる。ということは、この境地において〈私が山を見る〉とは、実は、〈無が無を見ている〉ということになる。

③　私たちの経験としては、「山を意識する私」の「意識」として統一される。

④　この出来事を「現成《げんじょう》」と呼ぶ。「山が現成する」とはこうした出来事である。

井筒によれば、これが言語の本源的な働きであり、禅は、すべての語がこうした仕方で使われることを要求する。「全ての語がコトバの直接そのままの顕現としての自覚において話者によって発せられ、またまさにそのようなものとして聴者に受けとられることを要求します」（同、四二一頁）。

「無」は「根源的非言語」である。しかし、「コトバ」である。「永遠のコトバの創造的エネルギー」である。いまだ分節されていないが、しかし常に自己を分節し続けてゆくエネルギーである。そして、コトバが自己分節することによって「意味」が呼び起こされる。コトバが意味を喚起する。のみならず、コトバが、意味を通じて、存在世界を現出させる。コトバが、世界を、存在させる。

井筒は、「言語的意味の存在喚起機能」と呼ぶ。

2 真言（まことのコトバ）——真言密教の言語哲学

こうした「コトバ」の機能において、井筒は、真言密教に注目する。とりわけ、その特異な言語哲学。「真言密教は、千年の長きにわたって、コトバの『深秘《じんぴ》』に思いをひそめてきた」（「意味分節理論と空海」『意味の深みへ』二四二頁）。

真言密教は、コトバの「常識的、表層的構造」には目を向けない。もっぱらその深層構造を見る。コトバが意味を通じて存在世界を現出させる。その出来事を語る。密教は「真言（まことのコトバ）」という。

井筒はこの場合も（他の宗教的テクストを扱う場合と同じく）、宗教的にではなく、哲学的に検討する。「『真言』という観念を、一切の密教的・宗教的色付けを離れて、純粋に哲学的、あるいは存在論的な一般命題として提示する」（同、二四三頁）。

井筒が注目するのは、「コトバを超えた領域」である。密教においては、「コトバを超えた」領域も、次元の異なるコトバで語り得る。「真言《しんごん》」である。

「コトバを超えた領域」は「通常のコトバ」では語ることができない。「人間のコトバをもってしては叙述することもできない形而上学的体験の世界」である。ところが、特別なコトバがある。空海は「果分可説《かぶんかせつ》」という。『果分』とはコトバを超えた体験、それを語る（説く）ことができる（可説）。

井筒はこう解き明かす。「コトバを絶対的に超えた（と、顕教が考える）事態を、（密教では）コトバで語ることができる、あるいは、そのような力をもったコトバが、密教的体験としては成立しうる」（同、二四六頁）。

例えば、悟りの境地は、コトバにならない（コトバの彼方、言詮不及）。瞑想的実践の伝統は、こうした「コトバを超えた体験」を大切にしてきた。ところが密教は、次元の異なる「コトバ」を用意する。通常のコトバによっては不可能であるが、しかし「異次元のコトバ」はそれを可能にする。

井筒は、もう一歩進め、こう解き明かす。「コトバを超えた世界が、みずからコトバを語る、と言ってもいい。あるいはまた、コトバを超えた世界が、実は、それ自体、コトバなのである、とも」（同、二四七頁）。

人間が、悟りの境地を、言語化するのではない。「悟りの世界そのもの」が、自らを、言語化する。自らを言語のうちに顕す。

実は、コトバを超えた世界が、それ自体、特殊なコトバであったということである。「悟りの世界そのものの自己言語化のプロセスとしてのコトバ」。

　そして、そのプロセスが「同時に存在現出のプロセスでもある」。悟りの世界が自己を言語化する。そのような特殊な「コトバ」、つまり「真言（まことのコトバ）」が世界を創出する。あるいは、世界は真言によって創出された。「存在の絶対的根源としてのコトバ」である。

3　大日如来がコトバとして自己を分節する

　井筒は、別の視点からも語り直す。一般に大乗仏教は「妄想分別《もうぞうふんべつ》」を説く。世界は妄想的に作り出された虚構である。私たちが存在していると思っている事物は、実は人間の意識が妄想的に作り出した仮の姿に過ぎない。井筒の用語で言えば、人間の意識は「コトバの意味形象喚起作用」によって様々な「もの」を創り出し、それらを客観的実在と思い込んでいる。現実世界は、実は「空しい虚構」に過ぎない。

　ところが、真言密教だけは、例外的に、現実世界の実在性を肯定する。現実世界を、そのまま、大日如来の顕れと見る。

　この点を、井筒は「コトバの捉え方」の違いから説き起こす。密教と顕教とでは、コトバに対する見方が違う。密教は（先に見た通り）、「異次元のコトバの働き」を認める。顕教は認めない。顕教は、私たちの常識的な言語観と同じく、「現象界の次元で働くコトバ」を考えるから、「コトバを超えた」領域を語る「コトバ」を認めない。

それに対して、密教は、普通の言葉とは別に「真言（まことのコトバ）」を認める。正確には、別のコトバではなく、普通の言葉の根源に「真言」を認める。本源的には、すべてのコトバは「真言」であるのだが、普通は、その深層（真相）が姿を見せることはない。密教はその深層を「真言」として浮き彫りにした。井筒は、哲学的に、「形而上的次元に働く特殊な言語エネルギーとでもいうべきもの」と説明する（同、二五三頁）。

真言密教は「法身（大日如来）」と表象する。現象界で働くコトバの根源に働く「特殊なコトバ」は「法身（大日如来）」である。「真言（まことのコトバ）」は「法身（大日如来）」である。

そして、「法身説法」と説く。通常の理解では、「法身（大日如来）」が説法することであるのだが、井筒は「法身が説法である」と解き明かす。大日如来が説法するのではない。大日如来が説法である（神がコトバを語るのではない、神がコトバである）。

大日如来がコトバを語るのではない。コトバである大日如来が自らを顕す。大日如来が、自らを、コトバとして自己を分節する。そこに世界が現出する。

「真言」で言い換えれば、「真言」が世界を現出させる。「真言」という「存在の絶対的根源としてのコトバ」は、そのままで「存在世界現出」である。「コトバは、ここでは、宇宙に遍満し、全宇宙を貫流して脈動する永遠の創造的エネルギーとして現われる」（同、二六一頁）。

井筒によれば、この「コトバ」が（異なる文化的・宗教的文脈においては）、「人格的創造主としての神」と語られる。その場合は、神の創造的意志が世界を現出させる。あるいは、「宇宙的大生命」と語られることもある。大いなるいのちのエネルギーが、時を得て形をなし、世界となって現われる。井筒はそれらの同型性を認めた上で、真言密教が、この「存在の絶対的根源」を「コトバ（真言）」と理解した点に際立った特徴を見るのである。

＊「法身の語るコトバ」と「人間の語る常識的コトバ」とは次元が違うが、人間の語るコトバも根源まで遡ってみれば、法身の語る真言である。常識的な言葉も、「真言の世俗的展開形態に過ぎない」ことになる。

4 天籟──全宇宙を貫流するエネルギー

こうした「存在の絶対的根源」として、井筒は荘子の「天籟《てんらい》」に言及する。音もなく吹き抜ける天の風。この天の風が地上を吹き渡ると、木々はざわめき、いたるところに「声」が起こる。大木には無数の穴が開いており、そこに風が当たると、すべての穴が違った音を出す。発する声は様々だが、すべての声が皆、音のない天の風によって呼び起こされたものである。「地籟《ちらい》」は多様であるが、すべて「天籟」によって生じる。

しかし、「天籟」それ自体は人の耳には聞こえない。人の耳に聞こえるのは多様な「地籟」だけである。なぜ、「天籟」は人の耳に聞こえないのか。「それ自体では、まだ絶対無分節の状態にあるから」。常に吹き抜けているのだが、それ自体は、自己を分節していないから、音もなく形もない。「宇宙的存在エネルギーとしてのコトバ」も、絶対無分節である。したがって、「絶対無分節のコトバは、そのままではコトバとして認知されない」。しかし、「この無分節のコトバは、時々刻々、自己分節を続けている」。自己を分節し、自然界の声として自己を顕し、そしてその先に、人間の言語意識を経由して「人間のコトバ」となる（同、二六四頁）。

とすれば、通常私たちが「言語」と考えている「人間のコトバ」は、「天籟（宇宙的存在エネルギーとしてのコトバ）」から見れば、その末端に位置する。そしてそれゆえに、逆にその末端から見る時、「真言（まことのコトバ）」の働きは「コトバ」とは見えない。

ところが、空海はそれを「コトバ」と見た。「存在の絶対的根源」を「真言」と見抜いた。「五大にみな響あり、十界《じっかい》に言語《ごんご》を具す」。地・水・火・風・空の五つの要素が、それぞれ独自の響きを発する。それぞれ異なる声を出す。「空海によれば、すべてが大日如来のコトバなのであって、仏の世界から地獄のどん底まで、十界、あらゆる存在世界はコトバを語っている」（同）。

現象界は多様であって、異なる声を出しているのだが、実はすべて「大日如来のコトバ」である。地籟は多様であっても実はすべて天籟によって呼び起こされたものであったのと同様、現象界のすべては「大日如来のコトバ」の顕れである。

確かに荘子は、天籟を「コトバ」と理解したわけではなかった。地上の多様な事物と、その源泉である「天の風」との関連を示しただけである。しかし、それを描くにあたって、「声」や「響」を語った。「現象的多」が多様な声や響として描かれ、「絶対的一」は音のない風、しかし、いかなる音にも転成しうる天の風と描かれている点に、井筒は、「真言哲学との関連において、すこぶる意味深長なものがあると思う」という。

＊『大乗起信論』における「離言真如」と「依言真如」を重ねてみれば、「天籟」が「離言真如」に対応し、「地籟」が「依言真如」に対応する。また「絶対的一」と「現象的多」を重ねてみれば、華厳哲学の「理」と「事」とも関連することになる。

5　存在の絶対的根源としてのコトバ――禅と密教

では、以上のような密教的言語観に照らして見た時、禅の言語はどう理解されるか。

禅も（その還相面においては）言語を肯定した。コトバが、世界を、現出させる。その出来事を肯定する。のみならず、すべての語が、そうした仕方で使われることを要求した。では、禅の言語も、ある場面においては、「真言」と同じ働きをすると考えてよいか。

井筒は「竹篦《しっぺい》」の公案に触れた際、「コトバ」で語り出す必要を強調した。無分節がそのまま全エネルギーを挙げて自己分節する。その出来事を「コトバ」で語る。しかし、決して「本質」を呼び起こしてはならない。「本質」を呼び起こすことを本来の使命とする「コトバ」を、本質抜きに、使う。その不可能を禅は要求する。そしてそれが可能であるとすれば、「それはただ、ものをその名で呼んで分節しながら、同時にそれを絶対無分節者としても見る目が働いているからである」(『意識と本質』VI、一四一頁)。

井筒はそう語った。分節と無分節との同時現成。「絶対無分節者でありながら、しかも同時に、それが時々刻々に自己分節して、経験的世界を構成していく。その全体こそが禅の見る実在の真相だ。無分節がそのまま、その全存在エネルギーを挙げて自己分節する。……無分節態すなわち分節態」(同、一三九頁)。

他方、井筒は、真言密教の「法身説法《ほっしんせっぽう》」を、(通例とは異なり)「法身が説法である」と読んだ。大日如来がコトバを語るのではない。コトバである大日如来が自らを顕す。大日如来が、自らを、コトバとして自己分節する。そこに世界が現出する。「コトバは、ここでは、宇宙に遍満し、全宇宙を貫流して脈動する永遠の創造的エネルギーとして現われる」(前出・本書一四八頁)。

存在の絶対的根源としてのコトバ。その自己分節。むろん、真言密教はそれを「大日如来」と表象し、禅は「無」と表象し、その限りでは異なるのだが、哲学的には同じ「コトバ」の機能を、井筒は見たことになる。

6　禅モデルと密教モデル――永井晋の理解に即して

では、この二つのモデルはどこが異なるのか。「イマージュ」の扱い方である。『意識と本質』はその点を浮き彫りにした。そして、現象学の永井晋は、「イマジナルの現象学」を構想する中で以下のように展開した。

永井は、フッサールからマリオンを経てコルバンに至る現象学の展開を跡付ける中で、井筒に言及する（永井 2004）。しかも「禅の三段階モデル」（永井は「分節化理論」と呼ぶ）に言及し、その「第三段階」を、「無限な絶対者が自己の内部でいかなる意味志向性の媒介も経ることなく自己顕現したものとしての現象性」と説明する。

井筒が、真言密教に即して「存在の絶対的根源としてのコトバの自己分節」と語った出来事である。その出来事をイスラーム・グノーシスの文脈に即して、「無限な絶対者の自己顕現」と理解するのである。しかも「絶対者の内部で」、「いかなる意味志向性の媒介も経ることなく」、自己顕現する。この点に限ってみれば、禅モデルと密教モデルとは重なり合う（なお、後に見る通り、永井は「密教」を広く理解し、仏教に限定せず、カバラーやイスラーム神秘主義など、グノーシス一般を含む意味で用いている）。

しかし、永井が強調するのは両者の違いである。密教モデルは意識の深層に「中間領域」を設定した。禅モデルはそこに日を向けない。禅はその「イマージュ」領域を妄想として排除してきた。井筒の「構造モデル」における「中間領域M」は象徴的なイマージュに満ちていた（本書第五章）。私たちの日常意識から見れば、意識の深層である。ところが、それは絶対無分節の側から見れば、絶対無分節がその内部において自己展開する場である。

意識の側から言えば、意識は深層へと深まるにつれ、受動性の度合いを増してゆく。そしてついには、ただ絶対無分節の顕れる「場」となる。コルバンの用語で言えば、意識がひたすら神をその内側から映し出す「鏡」へと変貌する。

イブン・アラビーが語る「開示」体験を、井筒はこう語っていた。「そのひとは、あらゆる存在者が絶対者の鏡に現われるのを、そしてそれらが互いに他のものの中に現われるさまをみる。そこでは、これらの事物・事象は皆、それぞれの独自性を保ちながら、互いに溶け合い、相即する。これがまさに『開示』（kashf）体験である」（『スーフィズムと老荘思想』p. 44, 訳書〔上〕六三頁、本書二〇八頁）。

この「鏡」という言葉は、慎重に理解されなければならない。それは神の顕現を映し出す「場所」である。絶対者としての神が、全体として、神の内部で（人間の意識の深層において）、一挙に顕現する。いかなる媒介も入らない。いかなる志向性とも関連しない。絶対無という無限を、ただそのままに現象化する。イマジナルは表象することではない。

しかも多様なイマージュとして顕れる。一なる神が、自己の内で自己を振り返り、自己の内において多なる現象として自己顕現する。「元型イマージュ」として現象化してみせる。

つまり、神が、自己の内で、自己を映す。しかし、その「自己」は神であると同時に、他方では人間の意識（深層における意識）である。神が自己を振り返るということと、人間の意識がイマージュを形成すること、その両者が同じ出来事となる。正確には、それが同じ出来事となるのは、神の自己の内在と人間の自己の内在とが完全に重なり合う場合、永井が「超内在」と呼ぶ特殊な場合である。しかも「同じ」でありつつ、「垂直的に二重化」する。永井は「イスラーム・グノーシスにおける『密教的即』」と呼ぶ。

＊　西田が「鏡」を「自己自身を照らす鏡」と理解したことが思い出される。鏡は物を映し出すに先立って、鏡自身を無限に映じる。物を映し出す働きと一つになって、その底に働いている、鏡そのものの構造、自己返照の働き。井上克人は「自己遡源的翻転の動き」と呼び、荷沢神会《かたくじんね》『神会録』の「自性の照」や、道元『正法眼蔵』の「明鏡」と重ねて考察を深めている（井上2015、第一章など）。

西田哲学批判と新たな展望

永井はこの問題を、西田哲学を批判する仕方で深めている（永井 2015）。西田にとって「西洋的なもの」とは、「対象化・表象の論理」であった。それに対して、「東洋」の論理とは、対象化に先立ち、あるいは（形相によって）限定されるに先立ち、もしくは存在という限定にすら先立って、実在そのものが自ずから顕れ出る出来事。「純粋現象性として刻々非連続的に新たに立ち現われつつ連続して現われる出来事」である。そしてこの理解は、井筒が華厳の「理事無礙／事事無礙」に即して語ったことと一致する。

ところが、西田には「中間領域」が欠けていた。「西田に決定的に欠けているのは、井筒と、とりわけコルバンにおいて決定的な役割を果たす〈中間界／想像界〉の次元であり、それを現象化する器官としての〈（創造的）想像力〉の概念である」。

では、なぜ西田にはそれが欠けたのか。永井によれば、西田の関心が「禅」に限定されていたためである。正確には、「この次元が西田に欠けていた理由は、私見では、そこから普遍的＝哲学的原理（純粋経験／自覚／場所の論理）としての〈東洋〉を導き出す歴史的意味での『東洋』的経験を——当時の多くの知識人と同様に——『禅』に制限したためである」。

密教は当時、知識人たちから敬遠されていたのである。それに対して、その密教を内に含んだ「東洋哲学」を井筒は構想した。正確には、「仏教の一部門としての歴史的『密教』をその一つの形態として含みつつ、それに限定されない広い意味での〈密教〉をモデルとした〈東洋哲学〉」。永井はその構想を、コルバンと井筒に即して検討するのである。

なお、永井の「禅的な思惟形態」と「密教的な思惟形態」との区別は、『意識と本質』における区分と合致する（前者がⅥ章とⅦ章、後者がⅧ章からⅨ章まで）。そして後者の特徴は（先に見た通り）、意識の深層に「中間界」を設定したことであり、それを絶対無分節がその内部において自己展開する場と理解した点にある。

では、こうした「中間界」を確定することによって、何が見えてくるのか。永井は以下の展望を持つ。

まず、歴史的経験としての東洋と、深層次元としての〈東洋〉とが区別される。禅においては両者が区別されなかった。禅は、「絶対無の場所」において語るゆえに、「歴史的な次元」と「〈超歴史的な次元〉」との次元的差異を見過ごした。あるいは、〈即〉という両義性においてその差異を隠蔽してきた。それに対して、密教的な思惟形態は、そこで隠蔽されてきたものを、方法的自覚をもって浮き彫りにする。

第二に、そこで示される「中間界」が、現象学の新たな領域となる。「これまでの現象学がそれにふさわしい方法を持たなかったゆえに踏み込むことのできなかった新たな・広大な現象学的探究領野」。禅が妄想として排除してきたイマージュの次元を現象学的に探究する道が開けてくる。

第三に、新たな次元の「比較哲学」が可能になる。東洋哲学の諸伝統を、歴史的なものとして固まる以前の流動的な元型において捉え直し、その位相で比較する。例えば、空海の用語法で語られた密教思想を、〈超歴史的な〉思惟形態の位相で捉え直し、普遍的・哲学的原理の位相において、他の伝統と比較する。

禅モデルと密教モデル。禅師の「三段階モデル」と密教的な意識の「構造モデル」。井筒は、この二つのモデルを体系的に組み合わせることを避けた。それがどの程度、意識的であったのか、確定できないが、少なくとも『意識と本質』における「本質」の複雑な分類に比べたら、この二つのモデルの関連についてはあまり言及されなかった。

例えば、（本章が見てきた）コトバの本源的な働きという点を始め、二つのモデルが重なり合う場面はある。しかし、重なり合わない場面もある。おそらくは、「密教モデル（カバラーやイスラーム神秘主義などを含む広い意味）」の側から、この相違を確認してゆく作業がますます必要になるように思われる。

＊確かに、井筒哲学と西田哲学の交点に注目していると「密教モデル」が隠れてしまう。しかし、「密教モデル」から開始することが、井筒哲学の全体把握にとって有効であるかどうか。近代日本の哲学地平に欠けていた位相に光を当てることは大切なのだが、それだけに特化した井筒理解はバランスを欠く。回り道であったとしても、従来の哲学地平との関連を明確に把握した上で、そこに欠けていた位相を浮き彫りにしてゆく手順が確実であるように思われる。井筒も、まず「西洋哲学のロジカルな考え方」を学ぶことを強調していた（本書「序章」）。

第七章　意味分節理論――「気づく」ということ

井筒に「気づく」という題名の文章がある（『思想』一九八七年一月号「思想の言葉」）。「詩と哲学の起源」という副題を持つ。エッセイ集『読むと書く』に採録されるとわずか五頁。珠玉の掌編である。

1　気づく

「気づく」とは、存在に対する新しい意味づけの生起である。今まで意識されていなかった存在の一側面が開顕し、それに対応する主体の側に詩が生まれる。

アリストテレスは、「気づき」を「驚嘆（タウマゼイン）」と呼んだ。「驚嘆」は「疑問」に転じ、知的に展開する。原因を探求し、本質を追求する。

それに対して、日本の詩人の「気づき」は、対象の客観的な探究に向かわない。そうではなくて、「主客を共に含む存在磁場にたいする意識の実存的深化」に向かう。「主（詩人自ら）」も「客（対象）」も共に含んだ「存在磁場」。客観的な対象だけに向かうのではない。詩人の内面だけに向かうのでもない。詩的感動は、その両者を共に含んだ「磁場」に対する意識を、実存的に深めてゆく。

そう語った上で、井筒は、突然「アラヤ識」を持ち出す。

むしろそれは、「意味」生成の根源的な場所《トポス》である下意識領域（唯識のいわゆる「アラヤ識」）に、新しい「意味」結合的事態が生起することである。「気づき」の意外性によって、アラヤ識にひそむ無数の「意味種子」の流動的絡み合いに微妙な変化が起きるのだ。「意味」機能磁場としての意識深層におけるこの変化が、次の「気づき」の機会に、新しい「意味」連鎖連関を、存在体験の現象的現場に喚起し結晶させてゆく。「気づき」は、日本的意識構造にとって、その都度その都度の新しい「意味」連関の創出であり、新しい存在自体の創造であったのである。

（『読むと書く』四三五頁）

小さなエッセイとしては、突然の飛躍である。解き明かすのではない。一挙に、自らの意味生成理論のエッセンスを提示する。本当ならば（例えば、エラノス会議における講演であれば）、個々の言葉を解きほぐし、説明し、複雑な絡み合いを示したのちに、あらためて話を全体の流れの中に戻してゆくのだろうが、限られた紙幅であればこそ、濃縮された命題が、そのままの形で残されたことになる。

しかもそれが「詩的感動」につながり、「日本的意識構造」につながる。最後はこう締めくくられている。

古来、日本人はこの種の存在体験に強い関心を抱き、それの実現に向かって研ぎ澄まされた美的感受性の冴えを示してきた。日本的精神文化そのものを特徴づける創造的主体性の、それは、決定的に重要な一局面であった。（同）

では一体、日本的な「美的感受性」の文脈の中で示された「意味分節理論」とは、どういうことであったのか。

2　言語が、現実を、意味的に分節する

あるところで、井筒は書いていた。言語が、現実を、意味的に分節する。

分節理論については、既にいろいろな機会に、いろいろな形で述べ続けてきたので、今またここでその詳細を繰り返すつもりはない。結局、この理論の要旨は、我々人間の言語には、哲学的に最も重要な機能として、現実を意味的に分節していく働きがあるということ——あるいは、より正確には、いわゆる「現実」、我々が普通、第一次的経験所与として受けとめている「現実」は、本当は我々の意識が、言語的意味分節という第二次的操作を通じて創り出したものにすぎない——ということである。

(「意味分節理論と空海」『意味の深みへ』二五〇頁)

言語が、現実を「意味的に分節する」。「現実」は、言語による「意味分節」を通して、二次的に創り出されたものである。

私たちは普通、「現実」を直接的に(何らの仲介もなく)見ていると考えている。あるいは、まず「もの」がある。個々の「もの」が始めから独立して存在しており、私たちはそれをそのまま見ている。そして言葉が後から追いかけてゆく。私たちは、常識的には、そう考えている。

それに対して、分節理論は逆に、始めは何の区切りもないと考える。始めに在るのは、「ただ混沌としてどこにも本当の境界のない原体験のカオスだけ」。井筒は「のっぺり」という。のっぺりとしている、ということは分節がない(節目がない・区切りがない)。透明な流体エネルギーとして語られることもある。

そうした「存在カオス」を、言語が分節する。境界線を引き、区切りを入れる。のっぺりと何の区切りもなかった流体エネルギーが、無数に区切られることによって、個々の「もの」へと分かれてゆく。

この「区切り」に言語が関与する。正確には、カタカナで表記された「コトバ」が関与する。「コトバの意味の網目構造によって」、区切りが成り立つ。そして、区切りのひとつひとつが「名」によって固定される。

無名のXが一定の名を得るとき、それによって始めてXはあるものとして生起し、あるものとして存在的に結晶する。

（『意識と本質』I、九頁）

つまり、「もの」として独立する。「もの」は、コトバによって、二次的に創られたということである。井筒は「存在の有意味的凝固点」と呼ぶ（本書四四頁、六一頁）。私たちが普通、個々の事物と見ている「もの」は、コトバによって、特定の意味を持った「凝固点」として、二次的に創られる。始めから独立していたのではない。コトバによって区切られ、名によって固定されて、始めて成り立つ。

ところが、いったん「名」を獲得すると、「もの」は、あたかも始めから自立していたかのように、独立して振る舞う。人間の向こう側に、客観性をおびて現象する。そこで私たちは、常識的には、始めから存在していた客観的な「もの」を見ていると、体験する。意味分節理論は、そのように理解するのである。

私たちは普通、そうしたメカニズムに気づかない。実は、「現実」がコトバによって組み立てられている。コトバが「現実」を創る。コトバが「現象的世界」を言語意味的に喚起する。そうした、コトバの意味生産的メカニズムを、意味分節理論は解き明かそうとする。

3 「気づく」ということ

ここまで確認した上で、先の文章に戻ってみる。その冒頭はこう始まっていた。「いわゆる主客未分の境位は、ここでは問わない」(『読むと書く』四三一頁)。

主客未分の境位ではなく、主が客と分岐し対立する通常の経験的意識から話を始める。禅師の「三段階モデル」で言えば、「第一段階(分節I)」の意識であり、「意識構造モデル」で言えば、「表層意識」の地平である。

その地平で、対象を認識する場合、「言語慣用の規制力」によって、大きな影響を受ける。そう語る井筒は、ギリシア語の「ランタノー λανθάνω」という動詞を取り上げる。「今まで気がつかなかった」という意味で使われる動詞。「慣れないうちは、その方法が何となく不自然に感じられる」という。

日本語ならば、「私はXに気がつかずにいた」というところを、古代のギリシア人は「Xが私から隠れていた」という。動詞「ランタノー」は、何かが隠れている・隠されている状態を意味する。隠されている、だから私はそれに気づかない。

井筒はドイツ語の Verborgenheit を、「隠覆性」、「掩蔽性」という訳語と並べて提示する。「気づき」が、別の何かによって隠される——覆《おお》われる・蔽《おお》われる・掩《おお》われる——仕方で、拒まれている。ところが、この「覆い」が突然取り払われる。今まで隠されていたことが一瞬にして露見する。事柄の真相が、突然、露われる。その事態をギリシア語は、「アレーテイア ἀλήθεια」と呼ぶ。この言葉は、先の「ランタノー」と語源を同じくする「蔽われている」が否定辞「ア」で否定されている。つまり、覆いが取り除かれる。こうした「真理」概念の意味構造が、後期ハイデガー哲学の形成に大きな役割を演じたことになる。

続けて井筒は、アリストテレスの術語「ト・テイ・エーン・エイナイ τὸ τί ἦν εἶναι」を取り上げる。「本質」と訳されることが多いこの術語は、直訳すれば「(Xは)本来何であったのか、ということ」(ラテン語の Quod quid erat esse, 英訳は what a thing it was to be)。井筒はこう解き明かす。

これは「本質」という術語がまだ完全に出来上がっていなかった時期に、アリストテレスが作り出した(その故に、いささかぎこちない)表現である。形成途次のこの術語の裏にも、「気づき」

がひそんでいる。何であった（ティ エーン）のか、という存在動詞の過去継続形がそのことを示す。

（同、四三三頁）

過去といっても、時系列上の昔ではない。「始めからそうであったのだという、今初めて気づかれた事態の過去性」である。始めからそうであった、ということは、「非時間的妥当性」を持つ。変化しない。常に変わらない。その意味で「本質」と訳されることになる。

そのような、「非時間的妥当性を持つ存在事態が意識に顕現すること、そういう意味での『気づき』が、それがプラトン・アリストテレス的『本質直観』にほかならない」。

そして、この「気づき」の過去性から、日本語の助動詞「けり」の用法に話題が移る。

今はじめて気づいた、気づいてみると、（始めから、あるいは、気づく前から）そうだったという「気づき」の過去性。

（同、四三三頁、強調は原著）

助動詞「けり」は、その過去性の結晶である。この助動詞は普通、三つの意味を持つとされる（過去、始めて何かに気づく、詠嘆）。しかし井筒によると、「分解的に取り出されたこの三項目は、『気づき』の過去性において有機的に一体化している」。

助動詞「けり」は、まさに「気づき」の過去性を表現する。というより、むしろ助動詞として文法の中に定着させるほど、日本人は「気づき」の体験を大切にしてきたというのである。

ここまで話を重ねた上で、井筒は、「気づく」という出来事を、「存在に対する新しい意味づけの生起」という。

一瞬の光に照らされて、今まで意識されていなかった存在の一側面が開顕する。そして、主体の側に詩が生まれる。心に沁み入る深い詩的感動につながる。井筒は、「蕉風の俳句にそれが目立つ」と言い、「山路来て」、「薺花《なずなはな》さく」、「道《みち》の辺《べ》の木槿《むくげ》」と並べる。このような、ふとした「気づき」の累積を通じて、存在の深層を探ってゆく。

しかし、日本の詩人の「気づき」は、対象を客観的に探究する方向には向かわない。「主客を共に含む存在磁場」に対する意識を、実存的に深めてゆく。対象だけを探究するのでもないが、詩人の内面だけを探究するのでもない。さらには、その両者を含む「存在磁場」を対象として探究するのでもない。両者を共に含んだ「存在磁場」に対する意識を、実存的に深めてゆく。

では、この「実存的に深める」とはどういうことか。ここに「アラヤ識」を含んだ、懸案の数行が始まる。

4　意識深層における意味生成

論点ごとに立ち入って見てゆく（『読むと書く』四三五頁、以下、丸枠の数字は引用者）。

①「気づき」は、ここでは、新しい客観的対象を客観的に発見することではない。むしろそれは、「意味」生成の根源的な場所《トポス》である下意識領域（唯識のいわゆる「アラヤ識」）に、新しい「意味」結合的事態が生起することである。

「気づき」とは、新しい「意味」の結合である。それは「アラヤ識」において生じる。「意識構造モデル」で言えば、B領域の出来事。アラヤ識に貯蔵されていた意味エネルギーが、「気づき」によって、新しい結合を始める。

②「気づき」の意外性によって、アラヤ識にひそむ無数の「意味種子」の流動的絡み合いに微妙な変化が起きるのだ。

「意味種子」は流動的である。無数の「意味種子（意味エネルギー）」が、時を得て、形をなし、表層意識に浮かび上がろうと待機している。「気づき」はその状況に変化をもたらす。これまでの結合が切れ、新しい結合が生じる。それによって、新しい形を得て、表層意識に浮かび上がってゆく。正確には、表層意識に浮かび上がる前に、M領域における「イマージュ」の動きに変化をもたらす。「気づき」が「感覚イマージュ」に変化を与えるならば、知覚に変化が生じる。知覚は、イマージュの働きに助けられて、初めて可能になるからである。他方、「気づき」が「象徴イマージュ」に変化をもたらすならば、外界とは関係なしに、意識の深層（B領域）から異なるイマージュが湧き起こることになる。

「気づき」は、そうした意識内部の変化をもたらす。

③「意味」機能磁場としての意識深層におけるこの変化が、次の「気づき」の機会に、新しい「意味」連鎖連関を、存在体験の現象的現場に喚起し結晶させてゆく。

ここで井筒が念頭に置くのは、おそらく、「種子生現行」である。あるいは、「現行薫種子」と「種子生現行」の循環である。「気づき」という「現行」が「種子」を薫習する。つまり、「意識深層」に変化をもたらす。そして、その「種子」が次の「現行（気づき）」をもたらす。新しい意味を「存在体験の現象的現場」に喚起する（本書一一六頁）。

実存的に深めるとは、そうした動的な体験を意味していた。日本の詩人の「気づき」は、「主客を共に含む存在磁場」に対する意識を、実存的に深めてゆく。確かにそれは、詩人の意識深層で生じる。しかし「主客を共に含む存在磁場」を深めてゆく。ということは、詩人自身も変化し、対象（客体）も変化する。新しい存在を創造することになる。

④「気づき」は、日本的意識構造にとって、その都度その都度の新しい「意味」連関の創出であり、新しい存在自体の創造であったのである。

この「日本的意識構造」は、日本の詩人を代表としながら、例えば日本語という言語共同体と理解される。日本語に深く刻印された「意識構造」において、「気づき」は、新しい存在の創造であった。しかも、「その都度その都度の」と強調する。「気づき」のたびに、意識深層に変化が生じ、新しい「種子」の結合が生じ、新しい意味連関が創出され、そして存在自体が新しくなる。

コトバが現実を分節するのであれば、そのコトバの根源的な変化を通して、現実が新しくなる。意識深層におけるコトバの変化を通した、新たな存在の創出。日本人はこうした「存在体験」を大切にした。そしてそのために、「美的感受性」を研ぎ澄ませてきた。

古来、日本人はこの種の存在体験に強い関心を抱き、それの実現に向かって研ぎ澄まされた美的感受性の冴えを示してきた。日本的精神文化そのものを特徴づける創造的主体性の、それは、

決定的に重要な一局面であった。（同）

5　意味分節理論と「気づき」

日本の詩人の「気づき」は、対象の客観的な発見ではない。新しい「意味」結合である。しかし、意識表層における〈意味〉と〈意味〉との結合ではない。深層における「意味種子」の流動的絡み合いである。

それが表層意識に浮かび上がる。その時、新しい〈意味〉が加わるのではない。新しい意味連関が創出し、意味の区切り方を変えてしまう。あるいは、意味のネットワーク全体を微妙に変えてしまう。

意味分節理論は言語の「表層」と「深層」とを見た。正確には、表層から深層へ、深層から表層へという循環する動きを示そうとする。重要なのは、深層におけるコトバの「意味」が固定されていないという点である。

言語は、従って文化は、こうした社会制度的固定性によって特徴づけられる表層次元の下に、隠れた深層構造をもっている。そこでは、言語的意味は、流動的、浮動的な未定形性を示す。本源的な意味遊動の世界。何ものも、ここでは本質的に固定されていない。すべてが流れ、揺れている。固定された意味というものが、まだ出来上がっていないからだ。勿論、かつ消えかつ現われるこれらの意味のあいだにも区別はある。だが、その区別は、表層次元に見られるような固定性をもっていない。「意味」というよりは、むしろ「意味可能体」である。縺れ合い、絡み合う無数の「意味可能体」が、表層的「意味」の明るみに出ようとして、言語意識の薄暮の中に、相鬩《あいせめ》ぎ、相戯《あいたわむ》れる。

（「文化と言語アラヤ識」『意味の深みへ』七三頁）

「表層」におけるコトバの〈意味〉は固定されている。一つの単語は一つの意味に固定されている。しかし、「深層」におけるコトバの「意味」は固定されない。「浮動的（流動的・可塑的・不定形）」である。意味が浮動的ということは、二つの「コトバ」の境界が緩やかで、互いに浸透する。区別がないわけではないのだが、互いに輪郭がぼやけている。正確には、社会制度としての言語（ラング）のコードに組み込まれていない浮動的な意味。

しかし、ただ浮かんでいるのではない。深層のコトバ（「意味種子」）は、表層の固定的な〈意味〉を獲得しようと待ち構えている。

あるいは、この〈意味〉を「名」と言い換えてみれば、表層意識においては、「名」を持たないものは、「存在する」と認められない。「名」を得て、固定的な〈意味〉を獲得して初めて、「存在する」と承認される。

ところが深層においては、まだ「名づけられていない」ものも、意味可能体として、星雲のように漂っている。まだ名づけられていない「イマージュ」は、現実世界の特定の「もの（事物・事象）」と固定的に結びついていない。井筒は「まだ一定のシニフィアンと結びついていない」という。

言語意識の深層には、まだ一定のシニフィアンと結びついていない不定形の、意味可能体の如きものが、星雲のように漂っているのだ。まだ明確な意味をなしていない、形成途次の、不断に形を変えながら自分の結びつくべきシニフィアンを見出そうとして、いわば八方に触手を伸ばしている潜在的な意味可能体。

（「意味分節理論と空海」『意味の深みへ』二五九頁）

そして、この文章は、「まさに唯識の深層意識論が説く『種子』、意味の種だ」と、「言語アラヤ識」の話に続いてゆく。「浮動的」という言葉の内側である。

「気づき」は、こうした深層におけるコトバの「意味」を変える。意識の深層における潜在的な意味可能体を変える出来事である。

第八章　意味論分析——『意識と本質』に先立つ英文著作の方法

『意識と本質』の文体は独特である。それはいかなる方法論的裏づけを持っていたのか。その背景を『意識と本質』以前の著作と対比する。英文で執筆された数冊のイスラーム思想研究。それらの作品群は、エラノス会議における一連の英文の講演と並んで、『意識と本質』以前の井筒の仕事を代表する。その中で井筒は、思想研究の方法論を追究し続けていた。「意味論分析」と呼ばれる、客観的・文献学的な方法論。『意識と本質』以降の井筒の魅惑的な文体は、こうした思想研究を踏まえていた。

1　英文著作の方法論

『意識と本質』は単なる「厳格な学問研究」ではない。今道友信との貴重な対談の中で、井筒はこう語る。

> 研究するよりも自分で何かつくりたいといいますかね、クリエーティブにやってみたい気がする。比較して研究してみてもしょうがないんで、そこから新しいものを自分のために産み出さなきゃだめだというような傾向になってきているんです。
>
> （『叡智の台座』九〇頁）

研究するより、クリエーティブに。それは、或る時期との対比の中で語られた『意識と本質』の立場である。英文でイスラーム思想を解き明かしていた時期（一九六〇年代）。

> い、い、い、あのころは、やっぱり客観的に研究してみたい、そういう意味でね。い、い、いまではそういう比較を自分自身の意識内部で実践することによって、そこの二つの文化の接触というか、インターペネトレーションのところから自分にとって何が出てくるか、それを探求してみたいと思っているんです。
>
> （同、強調は引用者）

客観的な「研究」を踏まえた上で、その次のステージへ。そこで自分にとって何が出てくるか。「一度そっくり己れの身に引き受けて主体化し、その基盤の上に、自分の東洋哲学的視座とでもいうべきものを打ち立てていくこと」（『意識と本質』「後記」）。

さらには、「ただ学問的に、文献学的に研究するだけのことではない」ともいう。あるいは、「厳格な学問研究も、それはそれで、勿論、大切だが、さらにもう一歩進んで……」とも語る。とすれば、私たち読者は、その「先」が気になる。その先に展開された『意識と本質』以降の豊饒な世界。しかし、ここで目を向けたいのは、それ「以前」である。「客観的に研究してみたい」と思っていた、「あのころ」の研究方法論である。

思想研究の方法論

井筒は長期間、「厳格な学問研究」を積み重ねていた。当然、古代ギリシアの『神秘哲学』研究があり（一九四九年）、ロシア文学の深い霊性を論じた『ロシア的人間』がある（一九五三年）。あるいは、そうした研究を可能にした古今東西の言語の習得があり、並行して西洋哲学・現代哲学への深い理解があり、本来ならば、それらひとつひとつについて丁寧に見るべきなのだろうが、ここでは英文で執筆されたイスラーム思想研究に焦点を絞る。その時期、井筒はどのような研究を行っていたのか。

井筒は、その時期、思想研究の「方法論」を模索していた。そうした「方法論」の具体的検証として、イスラーム思想を「素材」に試行錯誤を繰り返していた。井筒は「意味論 semantics」という。「意味論」という方法論を適用した思想研究。あるいは、意味論の分析方法を具体的な資料に適用することによって、その方法論を検証する試み。

後年、こんなことを書いている。

この本〔『クルアーンにおける神と人間』〕を書いたころ、私はヴァイスゲルバーなどに代表されるドイツ言語学派の意味論を展開させて、意味論的社会学、あるいはより一般的に文化の意味論的解釈学とでもいえるようなものを方法論的に作り出してみたいと考えていた。そして、まだおぼつかないながらもようやく輪廓が見え始めて来ていたその分析方法を、具体的資料に適用することによって明確なものにするために、私はイスラームの聖典コーランを対象として取り上げた。この著作はそういう目的で書かれた、つまり意味論的解釈学の方法論的射程を私なりに決定するための一試論だったのである。
（『イスラーム生誕』「はしがき」）

この「意味論的解釈学」については後に見るが（本書二〇一頁）、ここでは、それが「文化学」と語られていた点に目を留める。あるいは、それは「世界観の学」とも語られていた。『クルアーンにおける神と人間』の副題には、英文著作であるにもかかわらず、ドイツ語の「世界観

Weltanschauung」が使われていた（副題は「クルアーンの世界観の意味論 Semantics of the Koranic Weltanschauung」）。

井筒は「世界観」の研究を望んだ。或る時代の人々が何を考え・何を期待し・何を怖れていたか。何を最も価値あることと感じ・それを中心に世界を「全体として」どのように思い描いていたか。

しかし、「直観的」に全体を摑むのではない。客観的に一歩ずつ、厳密な学問方法の手続きを踏む。研究対象は「言語化されたテクスト」。正確には、文字として残された思想である。

その分析の方法を「意味論分析」と呼ぶ。この方法論について最初に正面から論じたのは、『クルアーンにおける神と人間』第一章・第二章である。聖典『クルアーン』を具体的な研究対象とし、それに「意味論分析」を加える。『クルアーン』を意味論的に分析することを通して、この分析方法を鍛え、方法論的に再検討するというのである（ちなみに『クルアーン』は従来『コーラン』と表記されていた。井筒も『コーラン』と表記する場合もある）。

井筒は、『クルアーン』というテクストの全体構造を把握しようとする。しかも概念的に把握しようとする。すなわち人々の世界観を概念的に把握しようとする。そのために特徴的な「語」を選び出す。例えば、日本語では「書」を意味する「キターブ」という語、あるいは、「日（一日）」を意味する「ヤウム」という語。そうした「単語」が、『クルアーン』という言語空間の中ではいかに特別な意味を持つことになるか。

しかし、個々の単語を個別に理解するのではない。むしろ個々の単語は単独には存在しない。

個々の言葉は、常に他の言葉とのつながりの中で機能する。他の言葉とのつながりの中で固有の意味を割り当てられる。正確には、そのつながりが組織化され、組織化されたつながりがいくつか積み重なった全体的な体系の中で、固有の意味が割り当てられる。井筒は「語彙《ヴォキャブラリー》のネットワーク」、あるいは「意味論的連合のネットワーク a network of semantic associations」と呼ぶ（『クルアーンにおける神と人間』二六頁、p. 27）。そして、その「組織化された概念全体、つまり或る総合的な『概念大系 a total conceptual system』のことを世界観と呼ぶ」（同、三五頁、p. 34）。

この「世界観」を概念的に把握するための方法が「意味論分析」ということになる。

2　『クルアーン』における神と人間

この著作は、一見すると『クルアーン』に出てくる言葉（語）の調査に見える。しかし、語源研究ではない。一つの語を、常に関連する言葉とのつながりの中で調査する。井筒は「語の『連関的』意味 the 'relational' meaning of the word」と呼ぶ。そこには、それらの語を用いた人々の「心理的な一般的傾向」が忠実に映し出されている。あるいは、それらは「その文化の精神が結実したもの」である。一つの語だけを見ても、見えてこない。一つの語を「語彙のネットワーク（意味論的連合のネットワーク）」の中で見る。『クルアーン』というテクスト全体（意味の場、世界観）の中で理解しようとする。

しかし、完成した神学体系の中で理解するのではない。固定された体系の中で、その語に振り当てられた固定した「意味」を調べるのではない。そうではなくて、『クルアーン』研究で言えば、『クルアーン』が登場する前に使われていたアラビア語の言葉が、『クルアーン』の登場によっていかに変化したか、いかに特有の意味を持つことになったか、その変化を見る。しかも一つの語の変化ではない。「語の『連関的』意味」の変化を捉え、それを通して「全体」の変化を探る。それによって、「クルアーン的世界観」の意味論な変化を探求しようとするのである。

いくつか具体的な事例を見る。

「アッラー」という語

「アッラー」という名は、イスラーム成立以前にも使われていた。アラブの人々は多くの神々の中で最高の位を「アッラー」と呼んでいた。ところがムハンマドはこの名を「唯一の神」とした。「唯一」を強調した。ということは、他の神々は「偽」となる。「アッラー」だけが「真 truth」になる。

この変化は、「アッラー」という一つの語の変化に留まらず、この語とつながりを持つ多くの言葉を変化させた。のみならず、『クルアーン』で用いられるアラビア語の全体を変化させた。井筒によれば、アラブ人の歴史の中で初めて一神主義的な「神中心」の体系が生じた。「アッラー」という言葉の意味が変化することによって、一切の価値が、完全に再配置された。つまり「世界観」

が変化したというのである。

あるいは（井筒はそうは語っていないのだが）、預言者ムハンマドは、人々の「世界観」を根底から覆すために、「アッラー」という言葉を転換させた。この一点が転換すれば、すべてが覆る。それを承知でこの語を転換させた。「アッラー」だけが唯一「真」であり、それ以外はすべて「偽」である。その変化を核として、関連する言葉の意味が入れ替わり、「意味の場」が変わり、一切の価値が再配置される。アラブの人々の「世界観」を入れ替えたというのである。

そう語られる場合の「世界観」は抽象的・感覚的な「全体」ではない。テクストに即して検証可能である。「アッラー」という言葉の変化を確認し、それに関連する言葉の変化を確認し、そうした具体的な個別の分析を積み重ねることによって、「世界観」に迫ろうとするのである。

「キターブ（書）」という語

次に「キターブ（書）」という言葉を見る。この言葉は、『クルアーン』の中でもその外でも、基本的には、同じ意味を持つ。「書」という単純な言葉である。ところが『クルアーン』の中で用いられると、この言葉は単なる普通の「本」ではなくなる。井筒はこう説明する。

キターブという語が、特定の体系に導き入れられ、特定の位置づけを与えられると、その状況から生じてくる新しい意味論的要素群を獲得する。「そしてしばしば、新たな要素群が、その語のもともとの意味構造に決定的な影響を及ぼし、本質的にそれを改変してしまう」（『クルアーンにおける神と人間』一八頁）。

ごく普通に使われていた「キターブ（書）」という言葉が、『クルアーン』の中で使われると、「神の啓示」という文脈に導き入れられ、突然、重要な宗教的意味を担うことになる。「キターブ」だけが変化したのではない。今までつながりを持たなかった語と、新たにつながることによって、新しい「意味の場」が成り立つ。例えば、「啓示（ワフユ）」とつながり、「預言者（ナビー）」とつながることによって新しい意味論的要素群が生じ、もしくは啓示の書を所有する民という意味で「啓典の民（アフル・キターブ）」という特殊な組み合わせが成り立つ。それによって、単純であったはずの言葉が、特別な意味を持った言葉となる。

そこで「キターブ」というひとつの語も、関連するすべての言葉との関連の中で理解される必要がある。あるいは、そうした関連する語が「キターブ」という語の意味を規定する。「この体系の外側に置かれたままであれば決して獲得することはなかったであろう、極めて複雑で特殊な意味構造」（『クルアーンにおける神と人間』一八頁、p. 20）。それが、「語の『基本的』意味」（後述）とは対立的に語られた、「語の『連関的』意味」である。

「ヤウム（日）」という語

もうひとつの例を見る。「ヤウム」という言葉である。基本的には「日」を意味するこの語は、『クルアーン』の中では「復活（キャーマ）」、「死者の蘇り（バアス）」、「最後の裁き（ディーン）」などと結びつき、終末論的に色づけられる。『クルアーン』の中で「その日」と言えば、普通の日ではなく、「最後の日」、「裁きの日」を意味する。

したがって、この言葉を正確に理解するためには、やはり関連する語との連合関係を見る必要がある。そうした「語の『連関的』意味」の中に、こうした語を用いた人々の「精神」が映し出される。一つの語の中に、『クルアーン』の精神を見るのではない。その一つの語が、関連語との相互関連の中で示す「語の『連関的』意味」の中に、『クルアーン』の精神の結晶を見る。井筒は、「歴史のある時期にある共同体が集中させた興味」、あるいは、「その時代の共同体の理想・希望・関心事の何らかの側面」などという。「世界観」という言葉に託された事柄である。

なお、このように語った上で、井筒は、あらためて「語の『基本的』意味」に注意を促している。確かにそれは、「語そのものに内在し、語がどこに置かれようと担当する意味」と説明される。しかし実は、それは研究のための理論的フィクションである。実際には、「こうした抽象的形態の『基本的』意味を見出すことはできない」。すべての語は「複合的な社会的・文化的現象」であって、具体的な文化環境の中で（固有の「意味の場」の中で）、既に何らか色づけられている。

〈基本的には「日」として使われる「ヤウム」という語〉という出発点は、実は、フィクションである。実際には、『クルアーン』が登場する前のアラビア語の「ヤウム」にも、その時代に特有の意味合いがあった。その時代に特有の「語の『連関的』意味」があり、それが『クルアーン』の登場によって変化したと理解すべきであったことになる。

つまり、ひとつの語の意味は、歴史的に変化してゆく。しかし、『クルアーンにおける神と人間』は歴史的変化を中心課題としない。あるいは、『クルアーン』の登場という出来事によっていかなる変化が生じたのかという、ごく短いタイムスパンの考察である（長いタイムスパンは、次の『イスラーム神学における信の構造』の課題になる）。

『クルアーン』は、アラビア語の歴史の中の、或る一時点の「言語空間（語彙体系・ラング）」において語られた。『クルアーン』が語ろうとする「語彙（意味論的連合）のネットワーク」は、それ以前のアラビア語が持っていた「それ」とは違う。しかし、『クルアーン』はそれ以前のアラビア語を利用するしかなかった。『クルアーン』は、本来表現したいと思っていた「世界観」とは異なる世界観を持った言語平面に、自らの世界観を映し出すしかなかった。

ところが、『クルアーン』が現われたことによって、その言語空間に変化が生じる。『クルアーン』の「語彙（意味論的連合）のネットワーク」がアラビア語に取り込まれ、アラビア語の「それ」を変えてしまう。『クルアーンにおける神と人間』はそうした変化を浮き彫りにした。そこで、この研究は、ある時代を区切り、その時代の「語彙」のネットワークを構造化する試みとなる。そこに現われるキーワードの意味論的構造から、その時代の世界観を析出しようとしたのである。

対して、次作『イスラーム神学における信の構造』は、長期間にわたる「意味論的連合のネットワーク」の変化を見る。そして中心となる語は、「イーマーン（信・信ずること）」である。「信」概念が神学の中でいかに変容してきたか。むろんこの語だけを単独で扱うのではない。隣接する他の言葉との関連の中で見る。また、歴史的過程を叙述するとはいえ、時代ごとの章立てではない。七世紀後半(ハワーリジュ派の運動)から一八世紀の神学者の議論まで、イスラーム神学の全体を視野に入れる。そうした長いタイムスパンの中で、「信」を中心とした語彙のネットワークの変化を追跡してゆくのである。

3　『イスラーム神学における信の構造』

アラビア語の「イーマーン」は「信・信仰・信念・信ずること」を意味する。英語版は belief という。邦訳は「信仰」という用語を避け、「信」とする。「信仰 faith」が宗教的文脈に限定されるのに対して、「信」の守備範囲は広い。後者の広い意味内容がこの著作の中心語である。「信」という用語がいかに発生し、それに関連する重要な用語がどのように展開したか。その歴史的過程を意味論的に分析した研究である。

「不信心者(カーフィル)」という語

まず、井筒は「不信心者(カーフィル)」という言葉を中心に置く。誰が「信者」であり、誰が「不信心者」であるか。

『クルアーン』が語る「信者(ムスリム)」と「不信心者(カーフィル)」との区別は明確であった。

共同体の内か外か。「共同体」の内側にいる者はすべて「信者」であり、外側にいる者はすべて「不信心者」である。そしてその差異は、「信（イーマーン）」と「不信（クフル）」の差異と重なっていた（「信（イーマーン）」は「信者（ムスリム）」であり、「不信（クフル）」は「不信心者（カーフィル）」であると、訳語だけ見ると同語反復に見えるほど、明確な境界線で区切られていた）。

ところが、イスラームの歴史における最初期の「ハワーリジュ派」は、その区切り方に異議を唱えた（七―八世紀）。重要なのは、共同体の内か外かではない。共同体の内側にも「不純で誤ったムスリム」がいる。とすれば、問題は「純粋で真のムスリム」か、「不純で誤ったムスリム」か。その区別の方が重要である。

＊「ハワーリジュ」とは「出て行った者・離反した者」の意。多数派から離れ、道徳的厳格さを極端に主張した。過激で非妥協的な行動で知られ、「ハワーリジュ派」はイスラームにおける最初の政治・宗教的党派とされる。

たとえ共同体の内で暮らしていても、ただ名目的にムスリムであるに過ぎない者がいる。共同体に属していればよいのではない。ハワーリジュ派は、ムスリム共同体（ウンマ）の中にも「不信（クフル）」の存在を主張した。逆に、共同体の外にも「純粋で真のムスリム」がいる。共同体に帰属していないからといって、すべてが「不信（クフル）」とは限らない。では、誰が「信者」であり、誰が「不信心者」であるか。『クルアーン』と同じ言葉を使いながら、ハワーリジュ派の出現によって、「信者（ムスリム）」という言葉に揺らぎが生じた。あるいは、「不信心者（カーフィル）」という言葉の内部構造が根本的な変化を被ることになった（『イスラーム神学における信の構造』一五頁）。ムス

歴史的に見れば、預言者ムハンマドの時代には共同体は小さく、周囲を敵に囲まれていた。ムスリム共同体は、圧倒的多数の「不信心者（カーフィル）」に囲まれていたことになる。ところが、共同体が大きくなるにつれて、異なる文化的背景を持つ多様な人々が、共同体の中に入ってきた。そして皆が「イスラーム」を受け入れた。そこで「イスラームを受け入れない」という意味における「不信心者（カーフィル）」は問題にはならなくなった。

そのかわり、イスラームを受け入れながら、実際は「不純で誤った」者たちがいた。彼らは、故意に誤った仕方でイスラームを解釈し、悪用し、イスラームを傷つけた。最も危険な敵は、壁の外にいる「カーフィル」ではなく、壁の内にいる「カーフィル」ということになった。

政治的に見れば、これは党派意識の発生である。共同体の中に対立が生じ、互いに批判し始める。他の党派を批判することによって、ますます狂信的に我が党派の正統を主張する。「それぞれの集団が狂信的な党派意識によって盲目となり、自分たちこそが唯一の〈真理〉を掲げるものとみなし、他のすべての集団を『カーノィル』として扱うようになった」（『イスラーム神学における信の構造』三九頁）。

そうした出来事を井筒は、テクストにおける言葉の「意味内容の変化」として検証する。「不信

心者（カーフィル）」という言葉がいかなる言葉と結びついたか。いかなる言葉と対立関係に置かれたか。

そして、それによって、言葉の力点が「不信心」から「異端」へと変化したと指摘する。ハワーリジュ派は「排除」という形で問題を先鋭化した。「誰が信者であるか」という問いの代わりに、「いかなる人は共同体から排除されるべきか」と追及した。

そこで重要な分岐点となったのが、「不信（クフル）」という語である。そして、「除名（タクフィール）」という言葉が加わった。「タクフィール」とは、「共同体の成員であり信者として通用している者に対して不信心者（カーフィル）と宣言し、それに相応しく非難すること」を意味した。

＊　極端に非妥協的な者は、政治的・神学的見解を異にする者たちを殺害した。しかも宗教の名のもとに、子どもすら殺した。では、子どもたちはムスリムか、異教徒か。「生まれながらに有する宗教的素質」をどう考えたらよいか。そうした議論にも展開していった。

さて、時代が下り、ペルシアの神学者ガザーリー（一一―一二世紀）は、そうした排他的態度を嘆いた。そして、その根本的な誤りを「タクフィール（除名、不信者として非難すること）」の理解に見た。除名の基準を人間が決めようとしている。その基準は、人間の理性によって判断されることではない。これは法的問題である。啓示として示された「神の法」を基準にして判断されるべきことである。

或る人が「不信心者（カーフィル）」であるかどうかの判断は、人間の理性によっては決定されない。「啓示された言葉」、あるいは「啓示された言葉に基づく類推という証明」によってのみ決定される。したがって、法的問題である。そう語って、あらためて「不信（クフル）」という言葉を定義し直したのである。

すべて神学論争である。しかし、議論の位相が変化してゆく。そうした歴史的変化を井筒は、「語彙（意味論的連合）のネットワーク」の変化として浮き彫りにしてみせたのである。

ムスリムである基準

さて、イスラームの「共同体」は拡大した。異なる背景を持った人たちが共同体の中に参入した。では、新たな構成員たちは、いかなる条件を備えていれば、ムスリムに値するか。ムスリムであるために求められる、必要最小限の条件は何か。

イスラーム神学は、この「必要最小限」の基準を設定しようと、議論を繰り返した。そしてその最終形態として五項目が設定された。一、信（イーマーン）、二、拝礼、三、喜捨、四、巡礼、五、ラマダーン月の斎戒。イスラームの本質的構成要素を示す「五柱」である。

井筒は、「イーマーン」と「イスラーム」との関係に目を留める。どちらの概念の方が広いか。イーマーン概念がイスラームを含むのか、逆にイスラーム概念がイーマーンを含むのか。

『クルアーン』は両者をほぼ同義的に使った。「ムスリム（イスラームの徒）」と「ムウミン（イーマーンの徒）」は同一人物を指した。ところが、ベドウィンの人々は、「ムスリムと呼ばれるかもしれないが、ムウミンとは呼ばれない」。ということは、すべてのムウミンはムスリムであるが、すべてのムスリムがムウミンであるとは限らないことになる。その立場（イスラームをより包括的な概念と見る立場）は、イスラームの中に五つの柱を見て、その一つにイーマーンを位置づけた。

逆に、イーマーンを重視する立場は、イスラームが外的な事柄であるのに対して、イーマーンこそが「心に関する事柄」としてより重要であると見た。さらにそこからイーマーンを、イスラームよりも程度が高い状態と理解する立場も出てきた。

こうした議論を経て、イスラーム神学は、最終的には、第三の見解を提出した。両概念に違いはない。両者は最終的には同一であり、その違いは名の違いに過ぎないという見解である。

当然こうした議論は、政治的な利害対立と関連している。井筒もそうした背景を承知しながら、しかし研究の焦点をあくまで「言葉」の意味の変化に絞る。中心語の意味内容がいかに変化してきたか。いかなる用語と対立し、いかなる用語と連帯したか。中心語の「意味の場」がいかに拡大し、いかなる概念との境界線で摩擦を生じたか。

そうした意味論分析は、テクストを根拠に、具体的に検証することが可能である。政治的イデオロギーを見るのではない。人々の信仰内容を見るのでもない。テクストに残された個々の用語の変遷を確認し、客観的に検証することのできる「厳格な学問研究」である。

通史として、すべての時代を検証するのではない。井筒は「ムルジア派」の議論に焦点を定め、神学概念としての「イーマーン」の内的構造を深く検討した。

＊　ムルジア派は穏健で中立的な思想。ウマイヤ朝の七世紀に起こり、ハワーリジュ派の過激な主張に対して、平穏な日常を弁護した。大罪を犯した人間でもイスラームの信仰を告白するかぎり信者として扱い、最終的な決定は最後の審判の日に神によって行われる。ウマイヤ朝のカリフの犯した罪に対しても、決裁を延長し、現世におけるカリフの正当性を擁護した。スンナ派の主流を形成することになる。

ムルジア派による「イーマーン」理解の特徴は、以下、五つの点である。一、「知ること」に重心を置く。倫理学の「動機説」に対応し、「イーマーン」を行為の結果ではなく、心の奥にひそむ出来事であると強調した。二、言葉による是認を重視した。口から出る言葉による告白が重要である。三、信の対象を重視した。何を信ずるのか、それが重要である。四、イーマーンはいくつかの要素に分割できるのか、それとも分割できない単一体であるのか。その議論を深めた。五、「行」を重視しなかった。

この五つ目の論点は、一番目の「動機説」と関連する。実際に「行ったこと・行っていること・行」は二次的である。その結果として「イーマーン」は罪によっては損なわれないとした。信じる者が行為の結果によって「不信者」になることはない。

こうして『イスラーム神学における信の構造』は、「信（イーマーン）」という言葉の歴史的変遷を跡づけた。歴史的状況から影響を受けて、新たな神学的議論が生じ、政治的利害関係の中で、新たなイデオロギー対立が生じる。そうした大きな問題を、「信」というひとつの言葉の「意味の場」の変化として引き取った。

正確には、ひとつの言葉ではない。その周りに多数の言葉が集まり、複数の重要な用語が「意味の場」を形成する。「イーマーン」を中心として形成された「意味の場」。その「意味の場」の変化を分析することによって、イスラームの「世界観」を見ようとしたことになる。

なお、井筒が「意味の場」と区別して「争う場（アリーナ）」と語っていた点は注目に値する。「意味範囲をめぐって争う場」には、時系列における変化が含まれる。一つの語の意味の範囲が、別の語との関係で、広がったり狭まったりする。「意味範囲をめぐって争う場」は動的に変化してゆく関係を示そうとしたことになる。

個人的で実存的な事柄

結論において井筒は、「イーマーンは純粋に個人的で実存的な事柄である」と繰り返している。その核心部分は、あまりに個人的で、あまりに深く、理論的に語ることができない。あるいは、理論化されることに抗う何かを秘めている。しかし、神学はイーマーンを理論的・理性的に把握しようと試み、捉えどころのないイーマーンの根底にひそむ構造を確認しようとした。井筒の表現に倣えば、ムスリムたちは「自らの意識の内に映るままに、より鋭い分析的・理性的な洞察をイーマーンに加え続けた」。そしてそれによって、イーマーン概念の構造を露わにすることに成功した。しかし、「さらに深い処にある何か、生命力を帯びた何か」は分析の網から抜け落ちてしまった。井筒は「元来の生き生きした感覚」、あるいは「彼らの奥深くにある個人的な敬虔さ」という。確かにそれを回復しようという試みも見られた。「神への愛」、「神への畏れ」、「卑くあってすべてをゆだねること」。しかし、それは神学者の関心ではなかった。むしろそれは神秘家によって展開された。イスラーム神秘主義における「タクワー（神を畏れること）」。そうした神秘主義の分析作業と、神学の分析作業とを統合し、うまく整合される時、「信」の姿を描き出すことができるだろうというのである（『イスラーム神学における信の構造』三七四頁）。

4 『スーフィズムと老荘思想』

第三の著作は、『スーフィズムとタオイズム（Sufism and Taoism）』。副題は「哲学的なキーコンセプトの比較研究」。それ以前の二冊と違い、この書において初めてイスラーム思想がその外側の思想と比較される。その代わり、焦点は絞られる。イスラーム思想の全体ではなく、スーフィズムの世界観、とりわけその思想的基盤を確立したイブン・アラビーの思想（一二―一三世紀）。他方、相方は老荘思想、とりわけ荘子の思想（紀元前三―四世紀）である。

＊　スーフィズムはイスラーム神秘主義。聖句を唱え、舞踊することを通して神との神秘的合一を求める。行者が羊毛の粗衣（スーフ）をまとうことからこの名で呼ばれるようになったとされる。他方、タオイズムは、それを「道教」と理解すれば、漢民族の伝統的宗教であり、「道（タオ）」との一体を求めた。道教は、ある時期から老子を教祖に祀り、老荘思想によって理論化を図ったから、その総体を「タオイズム」と呼ぶ場合もある。しかしこの著作では老荘思想に限定されるため、邦訳書も一貫して「老荘思想」としている。

両者は歴史的起源において関連を持たない。歴史的に連関しない二つの思想体系を粗雑に比較するなら、学問的厳密さを欠いた類似点と相違点の表面的な観察になってしまうだろう。そう語る井筒は、両者を比較する前に、二つの世界観の基本構造を、それぞれ独立に、可能な限り厳密に提示する。第一部でイスラーム神秘主義の世界観を解明し、第二部で老荘思想の世界観を解明し、第三部において初めて、二つの世界観のキーコンセプトをすり合わせている。

この二つの世界観はともに「絶対者 the Absolute」と「完全人間 the Perfect Man」という二つの軸を持つ。あるいは、こうした構図はこの二つの思想に限らない。歴史を超えた「メタ・ヒストリカル」な対話の基盤とも考えられる。井筒はそうした「メタ・ヒストリカル」な哲学対話の方法論を模索していたのである。

しかし、井筒は何度も立ち止まり、安易な比較をするのではない、と繰り返す。そして注意深く話を進めるならば、「実り豊かな文化間対話を拓く共通の土台」を提供すると言う。「文化間対話」の可能性を、意味論分析の方法論を通して示そうとしたのである。

意味論分析の方法論として見れば、重要なのは、この著作において初めて、異なる複数の文化が分析対象となったという点である。『クルアーンにおける神と人間』は、クルアーン時代という特定の一時期の「意味連関網」を分析し、次の『イスラーム神学における信の構造』は、歴史的な変化を辿る視点から「意味連関網」の変遷を分析し、この著作において初めて、異なる文化の「意味連関網」を比較し、異なる世界観の対話を試みる。そうした、第三の試みであったことになる。

共通するコンセプト——「存在」という用語

さて、第一部と第二部は独立し、それぞれの思想を検討するというのだが、しかし丁寧に見ると、第二部は、第一部とは違う。第二部では、第一部の分析を踏まえた上で、分析が行われている。イブン・アラビーの分析を通して確認された重要な概念を用いて、荘子の思想が分析されるのである。

例えば、万物が「混沌」となる存在論的段階。万物が個々の「本質」から解き放たれ、もともとの未分化状態になる。荘子はそれを reality と見る（邦訳はこの reality を「存在の真相」とする）。イブン・アラビーもそれを reality と見た。そしてイブン・アラビーは、それを「ウジュード（存在）」

と呼んだ。そこで荘子の形而上学も「存在」という用語によって理解する。「イブン・アラビー形而上学の体系における『ウジュード』と同じ意味を持つ『存在 existence』という語を用いて、この形而上学を『存在主義 existentialism』と呼ぶ」(『スーフィズムと老荘思想』p. 358, 訳書〔下〕九九—一〇〇頁)。

このように、第二部の分析作業は、第一部の分析を踏まえている。もしくは、第二部の分析を進めてゆく中で、二つの思想体系をつなぐ中心概念が鮮明になってきた。「二つの思想体系のあいだをつなぐ最も基本的な結節点として機能する中心的なコンセプト」。井筒は、それを「存在 existence」と呼ぶ。

ところが問題は、老荘思想の体系の中には「存在 existence」という言葉が使われていないという点である。老荘思想には「存在 existence」という言葉が登場しない。そのコンセプトが機能していることは理解されるのだが、それをそのまま言い表わす言葉を用意しなかった。井筒はそこに他の思想体系(スーフィズムの体系)の用語を当てはめたことになる。

ここは、極めて微妙な点であり、井筒も細心の注意を払って議論を進めている。二つの思想体系が類似の構造を持つ。両者に共通する「キーコンセプト」が機能していることが確認される(この点については後述)。ところが、老荘思想の中には、この「コンセプト」に対応する言葉がない。老荘思想はそれに「名」を与えなかった。他方、イブン・アラビーはその「コンセプト」を「ウジュード」と呼んだ(それに existence という英語を対応させる点についても後述)。

問題は、老荘思想が特定の「名」を与えなかった「コンセプト」を、他の思想体系の用語で呼んでよいかどうか。荘子の「キーコンセプト」も「ウジュード（existence 存在）」であると語ってよいか。荘子が使わなかった言葉を用いることによって、荘子本来の世界観を歪めてしまうことにならないか。井筒は、「メタ・ヒストリカルな対話の成立可能性に関わる非常に重要な方法論的問題」という。論点は多岐にわたる。

第一、なぜ、両者に共通する「キーコンセプト」が機能していると確認されたのか。それは、意味論分析による。まず、重要な用語について双方の思想体系の対応が確認される。複数の重要な用語が「意味の場」を構成する。その「意味の場」の対応も確認された。イブン・アラビーに見られた「意味の場」に対応する「意味の場」が、荘子の思想の中でも確認された。そして、複数の「意味の場」の配置のされ方が、特定の「コンセプト」の機能を指し示している構図も共通する。イブン・アラビーで言えば、「ウジュード（existence 存在）」と名づけられた「コンセプト」が中心となる配置になっている。ならば、荘子の思想体系の中で中心をなす「コンセプト」も「ウジュード（existence 存在）」と呼んでよいのではないか。

第二、イブン・アラビーが用いた「ウジュード」という語は、複雑な意味を持たない。井筒は「色づけられていない」という。なぜなら、同じコンセプトが表現される場合でも、特別な意味を表現する場合には、例えば「タジャッリー（自己顕現）」、「ファイド（発出）」、「ラフマ（慈しみ）」などと、別の言葉が用いられるからである。「ウジュード」という語は、「色づけられていない」。そして、英語の existence も、同じように色づけられていない。そこで、老荘思想の「中心となるコンセプト」を existence という言葉で固定しても、「色づけてしまう」危険が小さい。

第三、老荘思想の中に「有《う》」という言葉がある（the word yu meaning 'being' or 'existence'）。しかし、「有」という言葉は、老荘思想において、極めて特殊な役割を担う。それは、「名を持たない」絶対者（無分節）が、「名を持った」無数のもの（分節）に分化し始める、その瞬間の、特殊な出来事を指す。それに対して、「存在」という言葉はそうした特殊な役割を担わない。

あるいは、『荘子』には「道」という言葉もある。しかし、イブン・アラビーが「ウジュード」と語ったコンセプトを「道」と呼んでしまうと、他の意味が加わってしまう。例えば、「本質主義 essentialism」に対立する用語を、「タオイズム（道-主義 tao-ism）」と呼ぶならば話が混乱する。やはり「本質」に対立する概念としては「存在」が相応しいことになる。

およそ、こうした議論を重ねながら、井筒は、二つの思想体系の中心的なコンセプトを「存在」と確定する。「存在」という語が、二つの思想体系の「メタ‐ヒストリカルな対話」を成り立たせるための共通の哲学的基盤である。

二つの思想体系ともに、「存在一性 the Unity of Existence」という考え方を共有する。もし「存在」という言葉が確定されなければ、そのつど、見てきたような厄介な議論を繰り返さなければならないことになる。

なお、この場合の「一 Unity」は、単純な一ではない。多くの異なる事物から構成される「一」

である。現実には様々な事物が存在する。しかし、「もともとの形而上のカオスの中では」そうした差異は消え去り、「一」になる。荘子で言えば、あらゆるものは際限なく相互浸透し、万物は動的な仕方で「ひとつ」である。「この見解をイブン・アラビーの「存在一性」に対応させてもよいだろう」というのである（『スーフィズムと老荘思想』p. 360, 一〇三頁）。

「存在一性」の「一」は、「多の一 a 'unity' of 'multiplicity'」。両体系の世界観が共有する概念枠組みである。

文化の相互理解

さて、以上のような井筒の試みについて、訳者・仁子《にご》寿晴は濃密な解説を付し、いくつか興味深い指摘を加えている。

まず、任意の論点に即して比較するのではないという点。いかなる論点を接点として二つの思想体験を比較するか。まさに、その「中心語それ自体」が分析の中で確定される。

直観的に両者の類似を見るのではない。しかし用語を、独立させて比較するのでもない。仁子の用語法で言えば、「複数の意味論的領域群から成る全体、さらには、その全体を言い定める中心語に即して二つの思想体系が比較される」（『スーフィズムと老荘思想』下「訳者解説」三二七頁）。

本書の用語法で言えば、複数の「意味の場」が全体を構成する。そしてその「意味の場」の配置のされ方が「キーコンセプト」を指し示す。その「コンセプト」が、二つの思想体系でそれぞれ名を持つならば、その中心語が比較の接点となる。

始めから「中心語」が示されているわけではない。あるいはそれが、双方の思想体系にとって「中心語」であるかどうかは、分析の中で確定されてゆくことである。

そう思って見れば、井筒の試みは多分に解釈学的である。解釈学的循環の営みである。井筒自身、「意味論的解釈学」と呼ぶこともあったが、この点は重要である。

続いて仁子は、「内側から体系を活性化する精神」に注目する。井筒は、思想をその思想が内側から体系を活性化する「精神」に即して、読んだ。その「精神」はそのままでは把握できない。しかし意味論分析により、伝達可能な何かに転化しうる。初めて明示化されるというのである。

そして、『クルアーンにおける神と人間』で用いられた「属音 dominant note」という言葉に注目する。ソナタ形式で言えば、「主音→属音→主音」の展開である。このとき、重要なのは、「主音」それ自身ではなく、「主音が属音に代わる」という転調である。あるいは、「属音から主音に戻る」転調である。転調という出来事が初めて「主音」に味を付ける。「主音」は、それだけでは味が出せない。属音に変化することによって初めて味が出る。主音と属音との緊張関係が味を出す。

そう説明した上で、「無」という主題を重ねる。スーフィズムも老荘思想も、その「主音（主題）」は「無」である。しかし無はそれ自身では顕れない。無は、有に変化する際に、初めて顕れる。井筒が明らかにしたことは、二つの思想体系が、ともに「無」を主題にしたという点ではなくて、無が有に変化する、その「転調」の出来事の共通構造である。

二つの思想体系の中心的コンセプトは「存在」であるのだが、「存在」はそれ自身では顕れない。存在は、それが「コトバ」に変化する時に、姿を顕す。その「存在」と「コトバ」との関係が、二つの思想体系で共通する。共通の構図を持つというのである。

ところで、仁子は解説の中で、興味深い箇所を示している。第三部（両体系の比較）の「リアリティの多層構造」を整理した箇所の最終パラグラフである。

「これら二つの体系は次の点において合致する。⑴第一段階を絶対的神秘とみなす。絶対的神秘とは絶対的に知ることのできない何かであり、一切の区別と境界を超越する。『境界を持たない』という境界すら超越する。⑵残りの四段階を、絶対的神秘が存在論的に展開する過程で示す（絶対的神秘の）多様な姿とみなす。したがって、すべては『一 Unity』である」（『スーフィズムと老荘思想』p. 481、訳書〔下〕二七八頁）。

重要なのは、井筒の視点である。井筒は、観察者の立場から、二つの体系を俯瞰したわけではない。二つの体系が互いに合致する。ということは、スーフィズムの側から言えば、スーフィズムが〈老荘思想の体系に認めること〉と、スーフィズムが〈自らの体系に認めること〉とが合致するということである。同じことが、老荘思想の側からも言える。〈相手の体系に認めること〉と、〈自分の体系に認めること〉とが合致する。そう認めることができる。

しかし、ここに翻訳の問題が絡んでくる。井筒はこの比較作業を英語で行った。アラビア語でも中国語でもない。むろん井筒自身は、イブン・アラビーのアラビア語をアラビア語のまま分析し、老荘の中国語を中国語のまま意味論的に分析し、井筒自身の中では、アラビア語と中国語が溶け合うように、検討される。しかし、その作業を報告するときには英語にする。英語にして共有する。当然ながら、英語も「中立的」ではない。文化的背景を持ち、時代的な制約を受けている。とすれば、井筒は現代英語の体系という、もう一つ別の体系を介して、この研究を遂行していたことになる。

そして、私たち日本語訳の読者は、さらにもうひとつ、日本語という別の言語体系を介して、話を理解していることになる。荘子の「キーコンセプト」を「ウジュード」と語ってよいかという問いは、実は「ウジュード」を existence と語ってよいか、井筒の語る existence を「存在」と理解してよいか、という問いを背後に秘めていたことになる。

とすれば、井筒が「メタ・ヒストリカルな対話の成立可能性に関わる非常に重要な方法論的問題」として示した以上の論点は、すべて翻訳に関わる根本問題であったことになる。

5 『意識と本質』の方法論

さて、こうした研究を踏まえた上で、『意識と本質』は開始された。それまでの研究とは違う。ただ、思想を比較するのではない。井筒は、「研究するよりも自分で何かつくりたい」と語った。新しいものを「自分のために」産み出す。比較の実践を叙述するのではない。比較は自らの意識内部で行うことにして、その上に、「二つの文化の接触というか、インターペネトレーションのところから自分にとって何が出てくるか」。あるいは、複数の思想を、「一度そっくり己れの身に引き受けて主体化」する。そう語っていた。

そうした自由な創造的思惟が、「自在ともいえる詩的構想力を発揮した魅力ある叙述」（新田義弘）によって描き出された時、私たち日本語の読者は、眩惑されたかのように、惹きつけられてしまったことになる。

しかし、それに先立つ数十年間、井筒は「客観的」な研究を積み重ねていた。研究の方法論を強く意識し、意味論分析の実践を丁寧に叙述し続けていた。あるいは、実践する中で自らの方法論を検証し直していた。

その方法論上の手続きを説明する用語は、例えば「焦点語」、「語彙のネットワーク」、「意味範囲をめぐって争う場」、「複数の『意味の場』の配置のされ方」など微妙に変化し、総体として明確に整理されたわけではないのだが、しかしその原則は、最初に語られた『クルアーンにおける神と人間』（第一章・第二章）以来、一貫していた。

第一は、その文化に即して理解すること。例えば、『クルアーン』の諸概念を『クルアーン』それ自身によって解釈する。外から持ち込んだ理論によって理解するのではない。西洋の学問的道具によって理解するのではなく、その文化の中の道具を洗練させる仕方で、テクストに寄り添う。例えば、「アッラー」というアラビア語を、その語を取り囲む『クルアーン』内部の他の言葉との関係で理解する。あるいは、その語を中心とした「語彙のネットワーク」の中で理解する。文化をその文化に即して、内側から理解しようとする方法である。

第二は、しかしその文化に属する者に独占されない。意味論分析の作業には誰もが参加できる。その文化に属していない者にも開かれている。「アッラー」というアラビア語をその語を中心とした「語彙のネットワーク」の中で理解する作業は、アラビア文化に属していない者にも可能である。しかしそれは、研究者が「自分の枠組み」に回収することではない。意味論分析は、外から来た研究者が、既成の「自分の枠組み」に回収することを許さない。文化をその文化に即して理解する。しかし、その文化に属する者だけに閉じられるわけでもない。外から来た研究者も、文化をその文化に即して理解しようとすることができる、その意味で「客観的」な方法である。

文化の特殊性を大切にする、しかし、排他的な独占ではない。あるいは、開かれている、しかし画一化ではない。まして、「グローバル・スタンダード」に合わせるのではない。井筒は、文化理解の方法を追求しただけではない、そこに生じる様々な難問を実践的に引き受け、哲学的な問いとして深めていた。

そう思ってみれば井筒は、こうした哲学的な問いを深めるために、様々な伝統思想を学び続けたとも考えられる。そして、『スーフィズムと老荘思想』がそうした研究のひとつの総集編であり、ひとつの区切りとなったことは間違いない。

イブン・アラビーの思想と荘子の思想との関連を語りながら、井筒は、意味論分析の方法論を可能にする思想的基盤を確認した。意味論分析の方法論が理想的に遂行される場合、そうした思想の地平と一致する。

例えば、イブン・アラビーが語る「開示」体験を解き明かしながら、井筒は次のように語った。

そのひとは、あらゆる存在者が絶対者の鏡に現われるのを、そしてそれらが互いに他のものの中に現われるさまをみる。そこでは、これらの事物・事象は皆、それぞれの独自性を保ちながら、互いに溶け合い、相即する。これがまさに「開示」体験である。

(『スーフィズムと老荘思想』p. 44, 訳書〔上〕六三頁)

この「あらゆる存在者」を「個々の思想」と置き換えてみれば、それは意味論分析の理想的な姿である。個々の思想が「絶対者の鏡に現われる」。そこでは、個々の思想が、互いに他の思想の中に現われるさまを見る。個々の思想はそれぞれの独自性を保ちながら、互いに溶け合う。あるいは、それを個々の「語」と置き換えてみれば、個々の「語」が、互いに他の語の中に自らが現われるさまを見る。そして個々の語は、それぞれ独自性を保ちながら、互いに溶け合う。意味論分析は最終的にはそうした地平を目指す。そのために、一つの「語」を見るのではなく、周辺の語との関連を見る。「語の『連関的』意味」を見る。しかもその「連関的意味」が歴史的に変化してゆくとすれば、歴史的変化も視野に入れ、「語彙のネットワーク」全体の変化を見る。つまり理想的には、一つの「語」が他の「語」の中に自らの現われるさまを見るように、独自性を保ちつつ互いに溶け合う関係の中で、「語」を理解しようとしたことになる。

『意識と本質』には、古今東西、多様な思想が登場した。一見すると、思いつくまま、思想の一面だけを切り取ってきたような語りに見える。あるいは、異なるジャンルの思想を、気ままに、同じ土俵で論じているように見える。

しかしその引用は、決して気まぐれではなかった。それどころか、その多くは、それ以前に何らかの形で、しかも厳密な方法論的手続きの下に論じられていた。エラノス会議で論じられた場合もある。英文著作の中で語られた場合もある。あるいは、意味論分析の実際は叙述されることがなかった場合も、常にそうした方法論的手続きが意識されていた。

だからこそ、「それだけでは足りない」という語りになる。「比較して研究してみてもしょうがないんで、そこから新しいものを自分のために産み出さなきゃだめだというような傾向になってきているんです」(前出)。

この発言は、むしろ、いかに「比較研究」に時間を費やしてきたか、その告白として理解されるべきである。方法論的な試行錯誤のためにどれほどの労力を払ってきたか。同じ対談の中にはこうした言葉も見られる。

テクストを、原文をもう何べんも何べんも暗記するほど読んで、それでそういう全体的なセルモノのシチュエーションのなかから立ち上ってくる面影というか、姿みたいなものを理念としてとらえて、それがその国の言葉で、たとえば、アラビア語と中国語でどんな言葉で表わされているかを取り出してきて、それを比較してみたらと思ったんですね。（『叡智の台座』九〇頁）

この場合も、「面影というか、姿みたいなもの」が大切なのではなくて、「原文をもう何べんも何べんも暗記するほど読んで」というところに目を留める。その膨大な下積み作業の上に、初めて新たな試みを開始したのである。

自在な叙述に眩惑されて、『意識と本質』と同じ視線で横滑りしていると、その背後に秘められた膨大な試行錯誤を見落とす。まして、「そっくり己れの身に引き受けて」という語りの作法を、そのまま真似て語るなら、大変な過ちを犯すことになる。世阿弥は初心者が名人を真似ることを固く禁じた。一見、真似ることができる（と思えてしまう）から、よけい危険である。

私たちは、井筒が体験した「厳格な学問研究」をもって『意識と本質』を読む必要がある。少なくとも、『意識と本質』以降に描かれた一連の論考を「井筒哲学」として理解する限り、まして、その哲学を他の哲学と比較検討しようとするのであれば、そうした手続きは不可欠であるように思われる。

文献一覧

◎ 井筒俊彦著作

井筒俊彦著作集　全一一巻＋別巻　中央公論社、一九九一―九三年
井筒俊彦全集　全一二巻＋別巻一　慶應義塾大学出版会、二〇一三―二〇一六年
『イスラーム生誕』人文書院、一九七九年
『意識と本質』岩波書店、一九八三年、岩波文庫、二〇〇一年、ドイツ語訳＝Izutsu, Bewusstsein und Wesen, München: Iudicium, 2006.
『意味の深みへ――東洋哲学の水位』岩波書店、一九八五年
『叡智の台座――井筒俊彦対談集』岩波書店、一九八六年
『コスモスとアンチコスモス――東洋哲学のために』岩波書店、一九八九年
『超越のことば――イスラーム・ユダヤ哲学における神と人』岩波書店、一九九一年
『意識の形而上学――『大乗起信論』の哲学』中央公論社、一九九三年
『読むと書く　井筒俊彦エッセイ集』慶應義塾大学出版会、二〇〇九年
Toward a Philosophy of Zen Buddhism, Prajna Press, Boulder, 1982. 野平宗弘訳『禅仏教の哲学に向けて』ぷ

ねうま舎、二〇一四年
Die Entdinglichung und Wiederverdinglichung der "Dinge" im Zen-Buddhismus, in: (Hrsg.)Yoshihiro Nitta, *Japanische Beitäge zur Phänomenologie*, Freiburg, München, Alber, 1984
The Structure of Oriental Philosophy Collected Papers of the Eranos Conference,Vol. I, Vol. II, Keio University Press, 2008.『東洋哲学の構造——エラノス会議講演集』澤井義次監訳、金子奈央・古勝隆一・西村玲訳、二〇一九年
God and Man in the Koran Semantics of the Koranic Weltanschauung,〈The Izutu Library Series on Oriental Philosophy〉慶應義塾大学出版会、二〇一五年『クルアーンにおける神と人間——クルアーンの世界観の意味論』鎌田繁監訳、仁子寿晴訳、二〇一七年
The Concept of Belief in Islamic Theology〈The Izutu Library Series on Oriental Philosophy〉 慶應義塾大学出版会、二〇一六年『イスラーム神学における信の構造——イーマーンとイスラームの意味論的分析』鎌田繁監訳、仁子寿晴・橋爪烈訳、二〇一八年
Sufism and Taoism: A Comparative Study of Key Philosophical Concepts, University of California Press, 1983,『スーフィズムと老荘思想——比較哲学試論』上下、仁子寿晴訳、二〇一九年

回 引用文献

井上克人 2015 「西田哲学の論理的基盤——〈体・用〉論の視座から」『〈時〉と〈鏡〉超越的覆蔵性の哲

学――道元・西田・大拙・ハイデガーの思索をめぐって』関西大学出版部
氣多雅子 2018「形而上学的体験の極所――『精神的東洋』とは何か」、澤井義次・鎌田繁編『井筒俊彦の東洋哲学』慶應義塾大学出版会
高崎直道 1991『『大乗起信論』を読む』岩波セミナーブックス
永井晋 2004「イマジナルの現象学」『思想』九六八号、二〇〇四年十二月（『現象学の転回――『顕現しないもの』に向けて』知泉書館、二〇〇七年所収）
永井晋 2015「『東洋哲学とは何か――西田幾多郎と井筒俊彦の『東洋』概念」、末木文美士編『比較思想から見た日本仏教』山喜房佛書林、二〇一五年（『〈精神的〉東洋哲学――顕現しないものの現象学』知泉書館、二〇一八年所収）
西平直 2004「元型・イマージュ・変容――『魂の学としての心理学』のために」、岩波講座『宗教一〇 宗教のゆくえ』岩波書店（西平 2019 所収）
西平直 2009『世阿弥の稽古哲学』東京大学出版会、増補新版二〇二〇年
西平直 2014『無心のダイナミズム――「しなやかさ」の系譜』岩波現代全書
西平直 2015「井筒俊彦の『分節』と『無分節』――華厳思想の『事』と『理』」、末木文美士編『比較思想から見た日本仏教』山喜房佛書林
西平直 2016「道元『水、水を見る』――井筒俊彦の『正法眼蔵』理解の一断面」、天野文雄編『禅からみた日本中世の文化と社会』ぺりかん社

西平直 2019 「井筒俊彦『東洋哲学』の論理——分節と無分節との同時現成」、藤田正勝・林永強編『近代日本哲学と東アジア』台湾大学日本研究センター、日本学研究叢書三二、臺墓大出版中心
西平直 2019 『ライフサイクルの哲学』東京大学出版会
西平直 2021 予定 『東洋哲学序説 西田幾多郎と双面性』未来哲学研究所
Nishihira, T. 2012, Zeami's Philosophy of Exercise and Expertise, in: (ed.) P. Standish & N. Saito, *Education and the Kyoto School of Philosophy: Pedagogy for Human Transformation*, Springer, 2012.
Nishihira, T.2017 Bewusstsein ohne Bewusstsein (Mushin): Die Zen-Philosophie aus erziehungswissenschaftlicher Sicht, *Pädagogische Rundschau*, 1.
新田義弘 2004 「知の自証性と世界の開現性——西田と井筒」『思想』九六八号
Suzuki, Daisetz Teitaro, *Outlines of Mahayâna Buddhism*, Open Court, 1907（佐々木閑訳『大乗仏教概論』岩波書店、二〇〇四年）
湯浅泰雄 1977 『身体——東洋的身心論の試み』創文社（『身体論』講談社学術文庫）

あとがき

やり残した課題は多い。

例えば、「身体」の問題。井筒は身体を語らなかった。しかしその論考を、身体の出来事として、読み換えることができるのではないか（本書六三頁）。東洋の伝統思想は身体の変容を伴った。身体があるから制約される。しかし、身体があるから可能になる。とすれば、「イマージュ」と語られた中間領域を、身体の出来事と読むことができないか。あるいは、「事事無礙」の「事」を「身」と読む。「間身体性」を「事事無礙」として読み直す。縁起の中の身体、もしくは縁起の出来事としての身体。

ちなみに、西田哲学の中に「日常的身体」と「場所的身体」とを認めた湯浅泰雄は、前者から後者への移行を「修行」と理解した（湯浅 1977）。その話と井筒の理論を重ねてみると、修行を介して、禅モデルと密教モデルが同時に機能する立体空間が拓けてくるのではないか。

もうひとつ、「異文化理解」も課題である。井筒は「コトバ」を表層と深層とに区別した。深層のコトバは、人々の意識の深層で「生成的ゆれ」の中にある。とすれば、「コトバ」の違いは、表層における言語システムの違いだけではなく、深層における「生成的ゆれ」の違いでもある。井筒は書いていた。「二つの違う言語共同体のなかに生まれ育った人々は、それぞれの言語に特有の意味生産的想像力の違いに従って、二つの違う『世界』を見、二つの違う仕方で『現実』を経験しているものと考えざるを得ない」（「文化と言語アヤラ識」『意味の深みへ』五七頁）。

言語はそれぞれ異なる「意味生産的想像力」を持つ。その「想像力」の違いによって、世界が違って見える。表層の言語（ラング）の違いだけではない。意識の深層における「意味生成」のプロセスが違う。まだ明確な輪郭を持たない「意味可能体」の「生成のゆれ」が違う。その違いによって異なる「現実」が体験される。そうした位相も含めて「異文化」を考えたい。しかも、言語を習得する以前の子どもたちが、各々の言語を習得し、それによって、その共同体にふさわしい仕方で「世界」を見る見方を習得してゆく。そうしたプロセスを重ねて考えてみたいと思っているのである。

「経験の深層構造に関する現象学的な分析」（本書三〇頁）。その表現を借りてみれば、「現象学的な分析」を、東洋の伝統思想の知恵の地平で、遂行する。それが、私が学んでみたいと思ってきたことであったのかもしれない。ここまできて、ようやく少し、自分が何を求めてきたのか、見えてきたような気がする。

やり残したことはあまりに多い。

二〇二〇年十一月二十日

西平　直

1957年生まれ．専攻，教育人間学，宗教心理学，死生学，哲学．現在，京都大学教育学研究科教授．

著書，『エリクソンの人間学』（1993），『魂のライフサイクル――ユング・ウィルバー・シュタイナー』（1997），『教育人間学のために』（2005），『世阿弥の稽古哲学』（2009），『ライフサイクルの哲学』（2019，以上，東京大学出版会），『無心のダイナミズム――「しなやかさ」の系譜』（岩波現代全書，2014），『誕生のインファンティア』（みすず書房，2015），『稽古の思想』（2019），『修養の思想』（2020），『養生の思想』（2021，以上，春秋社）ほか．

東洋哲学序説　井筒俊彦と二重の見

2021年2月25日　第1刷発行

著　者　西平《にしひら》　直《ただし》

発行所　未来哲学研究所
https://miraitetsugaku.com

発売所　株式会社ぷねうま舎
〒162-0805
東京都新宿区矢来町122　第二矢来ビル3F
電話 03-5228-5842　ファックス 03-5228-5843
http://www.pneumasha.com

印刷·製本　株式会社ディグ

ISBN 978-4-910154-14-5　Printed in Japan

冥顕の哲学1　死者と菩薩の倫理学
末木文美士
四六判・二八二頁
本体二六〇〇円

冥顕の哲学2　いま日本から興す哲学
末木文美士
四六判・三三六頁
本体二八〇〇円

人でつむぐ思想史Ⅰ　ヘラクレイトスの仲間たち
坂口ふみ
四六判・二四六頁
本体二五〇〇円

人でつむぐ思想史Ⅱ　ゴルギアスからキケロへ
坂口ふみ
四六判・二四四頁
本体二五〇〇円

湯殿山の哲学
——修験と花と存在と——
山内志朗
四六判・二四〇頁
本体二五〇〇円

カール・バルト　破局のなかの希望
福嶋　揚
A5判・三七〇頁
本体六四〇〇円

クザーヌス　生きている中世
——開かれた世界と閉じた世界——
八巻和彦
A5判・五一〇頁
本体五六〇〇円

グノーシスと代末期の精神
第一部　神話論的グノーシス
第二部　神話論から神秘主義哲学へ
ハンス・ヨナス著　大貫　隆訳
A5判・第一部＝五六六頁　第二部＝四九〇頁
本体第一部＝六八〇〇円　第二部＝六四〇〇円

禅仏教の哲学に向けて
井筒俊彦
野平宗弘 訳
四六判・三八〇頁
本体三六〇〇円

——ぷねうま舎——
表示の本体価格に消費税が加算されます
2021年2月現在

未来哲学　創刊号

二〇二〇年一一月二五日発売　定価一五〇〇円